2023年度山东省重点研发计划
2023年山东艺术学院

新时期创意产业发展理论研究

殷 航 ◎ 著

图书在版编目（CIP）数据

新时期创意产业发展理论研究 / 殷航著 . -- 北京：中国书籍出版社 , 2023.11

ISBN 978-7-5068-9658-0

Ⅰ.①新… Ⅱ.①殷… Ⅲ.①文化产业—产业发展—研究—中国 Ⅳ.① G124

中国国家版本馆 CIP 数据核字 (2023) 第 229016 号

新时期创意产业发展理论研究

殷 航 著

图书策划	成晓春	
责任编辑	李 新	
封面设计	博健文化	
责任印制	孙马飞 马 芝	
出版发行	中国书籍出版社	
地　　址	北京市丰台区三路居路 97 号（邮编：100073）	
电　　话	（010）52257143（总编室） （010）52257140（发行部）	
电子邮箱	eo@chinabp.com.cn	
经　　销	全国新华书店	
印　　刷	天津和萱印刷有限公司	
开　　本	710 毫米 ×1000 毫米　1/16	
字　　数	200 千字	
印　　张	12	
版　　次	2024 年 5 月第 1 版	
印　　次	2024 年 5 月第 1 次印刷	
书　　号	ISBN 978-7-5068-9658-0	
定　　价	72.00 元	

版权所有　翻印必究

前　言

随着全球化的趋势增强，各行各业在国际上的竞争日趋激烈，创意产业作为一项深度融合了文化、科技和经济多门类的社科产业，当前已经成为体现全球化经济发展和现代产业发展的一大特色和亮点。与此同时，创意产业的发展也逐渐成为衡量城市和地区发展、国家综合竞争力的重要标志之一。

后工业时代，文化实力和创新知识成为拉动经济快速发展的一个重要引擎。联合国更是在各项发言中，将城市产业和文化的创意设计理念提到全球范围的高度，"创意城市网络"的想法，俨然已经成为联合国教科文组织促进各国文化交流、推动城市经济发展的一个重要着力点；国际工业设计协会理事会推出了设立"世界设计之都"（World Design Capital）的概念，旨在通过建设样板城市，突出和宣传设计在城市经济和文化各方面发展中的重要性。中国当前正处于三大产业结构相互调整、由"中国制造"阔步转向"中国创造"的重要机遇期，近些年来，设计与创意相关产业的发展在国民经济中的地位也在逐步提高，政府越来越重视创意设计行业，根据发展方向陆续出台了一系列的政策用于推动设计行业的发展；并且建设了一批具有开创性意义的创意集聚园区；通过吸收各方面意见，规划了创意设计产业在当前地区未来的发展道路和战略方向；通过各种不同的渠道，举办和开展面向国内外企业的创意设计产业展览会，引导并扶持一部分城市进入联合国教科文组织的"创意城市网络"；打造了北京文化创意产业博览会、上海设计之都活动周等具有一定知名度和美誉度的品牌活动。这些举措足够证明设计创意产业给中国经济带来的增长和给产业结构带来的调整。在这个过程中，相关产业也获得了高度的重视。由此看来，创意创新正在逐渐改变中国的发展方式。

本书总共分为八章。第一章新时期创意产业发展概述，引入了创意产业的概念，并对创意产业的新时期背景和发展现状作简要介绍；第二章创意产业发展的经验借鉴，从欧美国家和亚太国家两个角度出发，介绍了国外的创意产业发展经验,对我国创意产业的发展具有重要借鉴意义;第三章创意产业园区区域协同与空间集聚,介绍了创意产业园区的概念、分布以及创意产业集聚等;第四章创意产业人才培养,从多个角度阐明了培养创意产业人才的途径,为创意产业的发展提供智力保障;第五章创意产业发展战略与路径,从创意产业发展的组织与运营、创意产业发展的战略和路径等角度为创意产业的发展提供指导思想;第六章数字创意产业发展,紧跟时代潮流,将数字技术与创意产业紧密结合,提供了新的发展方向;第七章创意产业发展的保护,从营造外部环境、知识产权保护和构建服务平台出发,为创意产业的发展护航;第八章山东文化创意产业的发展与国际化策略,从文化资源赋能、文化创意产业发展现状与对策、人才培养和文化产业品牌与国际化四个方面展开。

本书的写作参考了多位专家的著作和研究成果,在此对相关作者表示诚挚的感谢!由于作者水平有限,书中难免有诸多问题与缺陷,敬请各界专家学者批评、指正!

目 录

第一章 新时期创意产业发展概述 ……………………………………… 1
 第一节 创意产业的内涵 ……………………………………………… 1
 第二节 创意产业发展的新时期背景 ………………………………… 21
 第三节 创意产业的发展现状 ………………………………………… 26

第二章 创意产业发展的经验借鉴 ……………………………………… 36
 第一节 欧美国家创意产业发展 ……………………………………… 36
 第二节 亚太国家创意产业发展 ……………………………………… 46

第三章 创意产业园区区域协同与空间集聚 …………………………… 55
 第一节 创意产业园区概述 …………………………………………… 55
 第二节 我国创意产业园区的分布 …………………………………… 60
 第三节 创意产业园区区域协同发展 ………………………………… 79
 第四节 创意产业空间集聚 …………………………………………… 84
 第五节 创意产业发展与空间结构互动 ……………………………… 92

第四章 创意产业人才培养 ……………………………………………… 98
 第一节 创意产业人才概述 …………………………………………… 98
 第二节 创意产业人才的作用 ………………………………………… 100
 第三节 创意产业人才培养机制 ……………………………………… 102

第五章　创意产业发展战略与路径 ············ 106
第一节　创意产业发展的组织与运营 ············ 106
第二节　创意产业发展战略的模式 ············ 111
第三节　创意产业发展的路径 ············ 114

第六章　数字创意产业发展 ············ 117
第一节　数字创意产业概述 ············ 117
第二节　数字创意产业价值链 ············ 120
第三节　数字创意产业创新与变革 ············ 124

第七章　创意产业发展的保护 ············ 129
第一节　营造利于创意产业发展的外部环境 ············ 129
第二节　创意产业的知识产权保护 ············ 131
第三节　构建创意产业服务平台 ············ 144

第八章　山东文化创意产业的发展与国际化策略 ············ 147
第一节　山东文化资源赋能文旅产业发展 ············ 147
第二节　山东文化创意产业发展现状与对策 ············ 154
第三节　山东文化创意产业人才培养 ············ 166
第四节　山东文化产业品牌与国际化发展 ············ 173

参考文献 ············ 183

第一章 新时期创意产业发展概述

在经济全球化的大背景下,以创造力和创新设计为核心的新兴文化产业——文化创意产业,正在蓬勃发展,它是当前大环境下知识经济逐渐增长的核心内容和首要动力。当今,文化的发展与经济发展、政治变动相互交融,以知识为核心的经济类产业迅猛发展,具体表现为知识经济在全球各国综合国力竞争中的地位日渐提升。作为知识经济重要组成部分的文化创意产业,其重要性是不可估量的。社会发展到当今的水平,可以说所有的技术工艺都有可能受到他人的模仿甚至超越,最有效的办法就是在前人的基础上不断地创新。由此可见,创意产业在推动社会经济发展和文明进步乃至于提升国家综合国力等各个方面都有着无法忽视的作用。本章从创意产业的内涵讲起,再探讨创意产业发展的新时期背景,最后简析创意产业的发展现状,逐步揭开创意产业的神秘面纱。

第一节 创意产业的内涵

一、创意产业的概念

随着公众知识意识和文化意识的觉醒,知识经济得到了大力支持和迅速发展。同时,随着信息科学技术的普及,知识经济的结构也发生了变化,传统产业无法完全描述经济的发展趋势,创意产业作为一个新兴产业,近年来出现在社会中,其发展前景十分乐观。创意产业又称创意经济、文化创意产业。

根据国内外对创意产业的研究成果,创意产业的定义如下:

在蒙特利尔会议上,联合国教育、科学及文化组织(教科文组织)指出创意产业是指以工业标准为参照,对文化产品与服务加以生产、储存及分配的所有活动的总和。这个概念说明,生产与服务是创意产业的重要内容,它们都属于物质形态层面。创意产业中的行业都以生产文化产品为主,同时进行相关营销活动,提供相关服务。

英国是20世纪90年代第一个在文化政策文件中引入"创意"概念的国家,并于1998年提出了"创意产业"的概念。英国提出的创意产业是这样一种产业,即以个体的创意、技巧及才能为基础而生成智慧财产权,充分利用智慧财产权向社会提供就业机会,为社会创造更多的利益,这样的产业就是创意产业。这个概念说明,文化、创意这两个因素在创意产业中居于核心地位,个体的创新创造力是创意产业中尤为重要的能力,具有创造性的文化艺术极大地推动了社会经济的发展。

凯夫斯是美国著名的文化经济学理论家,他指出,创意产业提供的产品和服务与广泛的文化和艺术价值相关。这些价值包括图书出版、视觉艺术(绘画和雕塑)、表演艺术(戏剧、歌剧、音乐和舞蹈)、录音、电影和电视,甚至时尚和玩具。凯夫斯试图描述和总结当代创意产业的特点,他指出,创意产业的经济活动将影响当代文化产品的供求和价格,我们要适应新的发展模式,吸收新的创新要素,构建新的产业结构。

英国研究人员约翰·霍金斯(John Hawkins)在其著作《创意经济》(*Creative Economy*)中将创意产业定义为受知识产权法保护的经济部门。

显然,创意产业的出现是知识和文化在经济发展中发挥重要作用的结果。创意产业关键在于创新,创新也是一个产业,客观地说,创新已经成为知识经济时代的标志性产业。创新产业是一个无国界的产业,可以涉及任何高技术、高文化价值的产业,一般来说,所有的创意产业都是创新产业。

二、创意产业的行业范围

目前,全国产业结构不统一,创意产业规模不统一,创意产业涉及广告、建筑、艺术、古董市场、工艺品、时装设计、影视等方面。美国创意产业主要表现在艺术与文化、音乐、出版、电影和电视、媒体、互联网服务等方面。新加坡的文化、艺术和设计在文化产业中占据主导地位。日本文化产业主要集中在制造业、娱乐业和时尚业上。

我国创意产业规模划分还没有统一的标准,主要划分方法涉及以下五个方面:

第一章 新时期创意产业发展概述

第一，国家统计局公布的《文化及相关产业分类》，主要涵盖新闻出版发行服务、文化艺术服务、文化创意和设计服务、工艺美术品的生产、文化用品的生产等子行业。

第二，上海市统计局发布的《上海市文化创意产业目录》。目录主要包括广告展览服务、建筑设计、艺术产业、工业设计等内容。

第三，北京市统计局发布的《文化创意产业分类标准》将创意产业分为广告、展览、文化创意三大类，具体包括艺术贸易、文化艺术、设计服务、广播电视、新闻出版、旅游娱乐、网络软件服务、计算机辅助服务。

第四，杭州市文化创意产业指导委员会公布《杭州市八大文化创意产业统计与分类》，涉及动漫、游戏、设计服务、现代传媒、艺术、教育、培训、文化娱乐等内容。

第五，深圳市人民政府发布的《深圳市文化创意产业发展规划》指出文化创意产业是经济发展的重要产业，涉及创意设计、新媒体、文化信息服务、数字出版、影视表演、文化旅游、发展非物质文化遗产、高端印刷等内容。

如图1-1-1所示的创意产业包含艺术业（艺术、文化、表演艺术）、软件信息业、休闲娱乐业、出版业、广播影视业、广告业、建筑业，这些是很多国家都比较重视的创意产业，不同国家在这些创意产业的开发中形成了自己的特色。

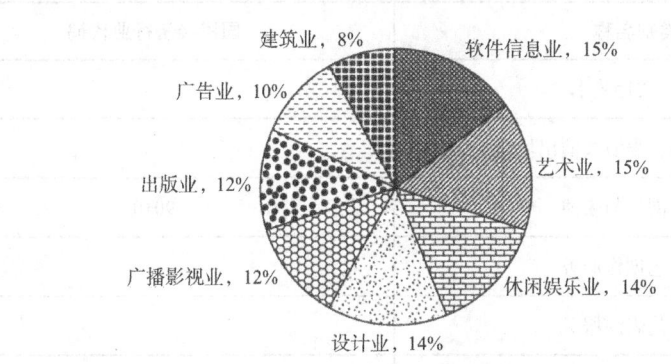

图1-1-1 创意产业范围

三、文化创意产业的分类

目前国内外还没有对文化创意产业进行明确统一的分类。事实上，大多数国家比较认同英国的分类标准，总的来说是把该产业划分为 13 个行业，具体涉及广告、建筑、艺术和文物交易、手工艺品、（工业）设计、时装设计、电影和录像、互动性软件、音乐、表演艺术、出版、电脑软件及电脑游戏、广播电视行业。

2006 年，首届中国创意产业大会组委会在经过调研后提出了最新的文化创意产业分类意见，相关代表经过调研和讨论后认为，创意产业行业应该包括数字软件、设计、广告公关与咨询策划、创意地产与建筑、品牌时尚、广播影视、新闻出版、文化艺术、工艺品及创意生活这十大产业类型。

2006 年 12 月 8 日，北京市发布了我国第一份文化创意产业分类标准的文件，由北京市统计局、国家统计局北京调查总队制定的《北京市文化创意产业分类》。该文件将《国民经济行业分类》（GB/T4754—2002）中的 82 个行业小类和 6 个行业纳入文化创意产业范围，并建立了由三个层次组成的分类体系。

第一层根据文化创意活动的特点分为九大类：（1）文化艺术；（2）新闻出版；（3）广播、电视、电影；（4）软件、网络及计算机服务；（5）广告展会；（6）艺术品交易；（7）设计服务；（8）旅游、休闲娱乐；（9）其他辅助服务。第二层依照产业链和上下层分类的关系分为 27 个中类。第三层共有 88 个小类，为具体的国民经济行业。具体分类如表 1-1-1 所示。①

表 1-1-1　国民经济行业的具体分类

类别名称	国民经济行业代码
一、文化艺术	
1. 文艺创作、表演及演出场所	
文艺创作与表演	9010
—文艺创作服务	
—文艺表演服务	
—其他文艺服务	
艺术表演场馆	9020
2. 文化保护和文化设施服务	

---

① 国家统计局编著. 国民经济行业分类注释 [M]. 北京：中国统计出版社，2008.

（续表）

类别名称	国民经济行业代码
文物及文化保护	9040
—文物保护服务	
—民族民俗文化遗产保护服务	
博物馆	9050
纪念馆	9060
图书馆	9031
档案馆	9032
3. 群众文化服务	9070
群众文化服务	
—群众文化场馆	
—其他群众文化服务	9090
其他文化艺术	
4. 文化研究与文化社团服务	7550
社会人文科学研究与实验发展	9621
专业性团体*	
—文化社会团体	
5. 文化艺术代理服务	9080
文化艺术经纪代理	
二、新闻出版	8810
1. 新闻服务	
新闻业	

（续表）

类别名称	国民经济行业代码
2. 书、报、刊出版发行	
（1）书、报、刊出版	
图书出版	8821
报纸出版	8822
期刊出版	8823
其他出版	8829
（2）书、报、刊制作	
书、报、刊印刷	2311
包装装潢及其他印刷*	2319
（3）书、报、刊发行	
图书批发	6343
图书零售	6543
报刊批发	6344
报刊零售	6544
3. 音像及电子出版物出版发行	
（1）音像制品出版和制作	
音像制品出版	8824
音像制作	8940

（续表）

类别名称	国民经济行业代码
（2）电子出版物出版和制作	
电子出版物出版	8825
—电子出版物出版	
—电子出版物制作	
（3）音像及电子出版物复刻	
记录媒介的复制*	2230
—音像制品复制	
—电子出版物复制	
（4）音像及电子出版物发行	
音像及电子出版物批发	6345
音像及电子出版物零售	6345
4.图书及音像制品出租	
图书及音像制品出租	7321
三、广播、电视、电影	
1.广播、电视服务	
广播	8910
—广播电台	
—其他广播服务	

（续表）

类别名称	国民经济行业代码
电视	8920
—电视台	
—其他电视服务	
2. 广播电视传输	
有线广播电视传输服务	6031
—有线广播、电视传输网络服务	
—有线广播、电视接收	
无线广播电视传输服务	6032
—无线广播、电视发射台、转播台	
—无线广播、电视接收	
卫星传输服务*	6040
3. 电影服务	
电影制作与发行	8931
—电影制片厂服务	
—电影制作	
—电影院发行	
—其他电影发行	
电影放映	8932

（续表）

类别名称	国民经济行业代码
—电影院、影剧院	
—其他电影放映	
四、软件、网络及计算机服务	
1.软件服务	
基础软件服务	6211
应用软件服务	6212
其他软件服务	6290
2.网络服务	
其他电信服务	6019
互联网信息服务	6020
—互联网新闻服务	
—互联网出版服务	
—互联网电子公告服务	
—其他互联网信息服务	
3.计算机信息服务	
计算机系统服务	6110
其他计算机服务	6190
五、广告展会	

（续表）

类别名称	国民经济行业代码
1. 广告服务	
广告业	7440
2. 展会服务	
会议及展览服务	7491
六、艺术品交易	
1. 艺术品拍卖服务	
贸易经济与代理*	6380
—艺术品、收藏品拍卖服务	
2. 工艺品销售	
首饰、工艺品及收藏品批发	6346
工艺美术品及收藏品零售	6547
七、设计服务	
1. 建筑设计	
工程勘察设计*	7672
2. 城市规划	
规划管理	7673
3. 其他设计	
其他专业技术服务	7690

（续表）

类别名称	国民经济行业代码
八、旅游、休闲娱乐	
1. 旅游服务	
旅行社	7480
风景名胜区管理	8131
公园管理	8132
其他游览景区管理	8139
城市绿化管理	8120
野生动植物保护*	8012
—动物观赏保护	
—植物观赏保护	
2. 休闲娱乐服务	
摄影扩印服务	8280
室内娱乐活动	9210
游乐园	9220
休闲健身娱乐活动	9230
其他娱乐活动	9290
九、其他辅助服务	
1. 文化用品、设备及相关文化产品的生产	

（续表）

类别名称	国民经济行业代码
（1）文化用品生产	
文化用品制造	241
乐器制造	243
玩具制造	2440
游艺器材及娱乐玩具制造	245
机制纸及纸板制造*	2221
手工纸制造*	2222
信息化学品制造*	2665
照相机及器材制造	4153
（2）文化设备生产	
印刷专用设备制造	3642
广播电视设备制造	403
电影机械制造	4151
家用视听设备制造	407
复印和胶印设备制造	4154
其他文化、办公用机械制造*	4159
（3）相关文化产品生产	
工艺美术品制造	421

（续表）

类别名称	国民经济行业代码
2. 文化用品、设备及相关文化产品的销售	
（1）文化用品销售	
文具用品批发	6431
文具用品零售	6531
其他文化用品批发	6349
其他文化用品零售	6549
（2）文化设备销售	
通信及广播电视设备批发	6376
照相器材零售	6548
家用电器批发*	6374
家用电器零售*	6571
3. 文化商务服务	
知识产权服务	7450
其他未列明的商务服务*	7499
—模特服务	
—演员、艺术家经纪代理服务	
—文化活动组织、策划服务	
注：1. "*"表示该行业类别仅有部分活动属于文化创意产业。 　　2. 类别前加横线"—"表示行业小类的延伸层。		

（续表）

含有部分文化创意活动的行业类别	
包装装潢及其他印刷	包括的文化创意活动：邮票、明信片邮票、明信片及其他集邮品的印刷、广告宣传品印刷、扑克纸商标印刷、票证印刷、其他与文化创意无关的印刷 不包括：商标印刷、票证印刷、其他与文化创意无关的印刷
记录媒介的复制	包括的文化创意活动： （1）音像制品的复制：磁带的复制、录像带的复制、光盘的复制 （2）电子出版物的复制：软盘的复制、光盘的复制 （3）其他与文化有关的记录媒介复制 不包括：数据的复制、与文化创意无直接关系的软件复制、与文化创意无直接关系的资料复制
卫星传输服务	包括的文化创意活动： （1）卫星广播传播服务：卫星广播传输、直播、覆盖服务、卫星广播接收服务、卫星广播监测服务 （2）卫星电视传播服务：卫星电视传输、直播、覆盖服务、卫星电视接收服务、卫星电视监测服务 不包括：电信卫星传播服务
专业性社会团体	包括的文化创意活动：文化社会团体服务：与作家有关的社会团体服务，与记者有关的社会团体服务，与艺术家有关的社会团体服务，与演员有关的社会团体服务，与出版有关的社会团体服务，与音像制品有关的社会团体服务，与历史、考古有关的社会团体服务和其他与文化有关的社会团体服务 不包括：学术性社会团体服务、专业技术社会团体服务、卫生社会团体服务、体育社会团体服务、环境保护社会团体服务、其他与文化创意无直接关系的专业性社会团体服务
野生动植物保护	包括的文化创意活动：植物园保护管理活动、动物园管理活动、放养动物园管理活动、鸟类动物园管理活动、海洋馆、水族馆管理活动、其他动物观赏保护活动 不包括：动物保护专业机构服务、野生植物保护服务、其他野生动植物保护服务

（续表）

含有部分文化创意活动的行业类别	
其他未列明的商务服务	包括的文化创意活动： （1）模特服务：各种服装模特公司的活动、各种影视广告模特活动、各种艺术模特活动、其他模特活动 （2）演员、艺术家经纪代理：演员挑选活动，推荐经纪人活动，艺术家，作家经纪人活动，演员、模特经纪人活动 （3）大型活动文化商务服务：文艺晚会策划、组织活动，运动会策划、组织活动，大型庆典策划、组织活动，艺术、模特大赛策划、组织活动，艺术节、电影节等策划、组织活动，展览、博览会策划、组织活动，民族、民俗活动策划、组织服务，其他大型活动文化商务服务 （4）票务服务：文艺演出票务服务，展览、博览会票务服务，其他票务服务 不包括：企业中介代理服务、企业活动礼仪服务、企业形象宣传代理服务、代收代缴欠款服务、其他企业商务服务
贸易经纪与代理	包括的文化创意活动：文物、古董拍卖活动、艺术品拍卖活动、其他文化物品拍卖活动 不包括：大宗非文化产品的拍卖活动，行政、司法拍卖活动，其他非文化产品的拍卖活动
机制纸及纸板制造	包括的文化创意活动：新闻纸制造、其他印刷和绘图纸制造、书写纸制造 不包括：卫生纸制造、包装用纸制造、瓦楞纸及瓦楞纸板制造、其他非文化用纸和纸板制造
手工纸制造	包括的文化创意活动：各种文化纸制造、各种宣纸制造、各种国画纸制造 不包括：其他非文化用手工纸制造
信息化学品制造	包括的文化创意活动：电影胶片制造、摄影胶卷制造、感光纸制造、摄影用化学制剂制造、空白录音带制造、空白录像带制造、空白磁盘制造、空白光盘制造、空白唱片制造、其他各种与文化有关的信息化学品制造 不包括：电子半导体材料制造、其他与文化创意无直接关系的信息化学品制造
其他文化、办公用机械制造	包括的文化创意活动：纸张打孔机制造、削铅笔机制造、其他与文化有关的机械制造 不包括：票券打孔机制造、其他与文化创意无关的机械制造

(续表)

含有部分文化创意活动的行业类别	
通信及广播电视设备批发	包括的文化创意活动：广播设备批发、专用电视设备批发、电影设备批发、广播电视卫星传输设备批发 不包括：通信设备批发
家用电器批发	包括的文化创意活动：家用电视机批发；家用摄像、放像设备批发；家用录音、收音及音响设备批发 不包括：与家用视听电器设备无关的家用电器的批发
家用电器零售	包括的文化创意活动：各种家用影视设备零售、各种家用音响设备零售 不包括：与家用视听电器设备无关的家用电器零售
工程勘察设计	包括的文化创意活动：室内装饰工程设计、住宅小区规划设计、风景园林工程设计 不包括：水利及水电工程的勘察设计、铁路工程的勘察设计、矿山工程的勘察设计等其他与文化创意不相关的工程勘察设计

四、创意产业的发展背景

创意产业的产生和发展并不是一帆风顺的，它是一个国家从以制造业为主的经济阶段转向以文化与艺术为主的经济阶段的必然产物，集聚了各个年龄段大众多元化、个性化的创意和想法；它的形成机制充分展现了当前社会的经济需求和文化需求。

（一）经济发达促进了创意产业的诞生

从全球经济的视角出发，创意产业出现的时间并不长，最早出现在经济发展成熟、大众需求由经济层面逐渐转向文化层面的发达国家。这并不难理解，只有一个国家和地区的经济发展水平达到一定程度时，大众的视角才有可能向精神方面衍生和拓展。反之，在还没有迈入这样一个门槛前，大众不会过多关注文化和创意，而是着眼于怎么通过制造业来提高经济增长量，同时，也不会考虑国家未来的经济命脉将如何依赖文化创意产业发展。创意产业因为知识性、可持续性等特征受到发达国家的重视。以美国为例，美国的版权业总收入非常高，该行业在21世纪初就成为美国出口创汇的第二大产业。

就我国目前的发展状况来看，改革开放四十多年来，我国的经济建设和发展是节节高升，很多地区在政府扶持和自身的学习下得到了高速发展。以北京、上海为例，北京2017年文化创意产业增加值为3908.8亿元，占全市GDP总额的14%，截至2018年底，上海文化创意产业增加值高达4227.72亿元，跻身上海前八大支柱型产业。

（二）整体收入水平的快速增长推动了创意产业的发展

在全球经济迅猛增长的背景下，我国城乡居民的经济水平也发生了日新月异的变化，在这种情况下，大众对于文化创意产业、产品和服务的需求一直呈现出不断增加的趋势。20世纪80年代以来，我国国内生产总值年平均增长率约为14.8%，甚至连续多年出现两位数的年增长率，如表1-1-2所示。

表1-1-2 1980—2018年中国GDP及增长率

年份	GDP（亿元）	同比增长额（亿元）	同比增长率（%）	年份	GDP（亿元）	同比增长额（亿元）	同比增长率（%）
1980	4588	487	11.9	2000	100280	9716	10.7
1981	4936	348	7.6	2001	110863	10583	10.6
1982	5373	437	8.9	2002	121717	10854	9.8
1983	6021	648	12.1	2003	137422	15705	12.9
1984	7279	1258	20.9	2004	161840	24418	17.8
1985	9099	1820	25.0	2005	187319	25479	15.7
1986	10376	1277	14.0	2006	219439	32120	17.2
1987	12175	1799	17.3	2007	270232	50793	23.2
1988	15180	3005	24.7	2008	319516	49284	18.2
1989	17180	2000	13.2	2009	349081	29565	9.3

（续表）

年份	GDP(亿元)	同比增长额（亿元）	同比增长率（%）	年份	GDP(亿元)	同比增长额（亿元）	同比增长率（%）
1990	18873	1693	9.9	2010	413030	63949	18.3
1991	22006	3133	16.6	2011	489301	76271	18.5
1992	27195	5189	23.6	2012	540367	51066	10.4
1993	35673	8478	31.2	2013	595244	54877	10.2
1994	48638	12965	36.3	2014	643974	48730	8.2
1995	61340	12702	26.1	2015	685506	41532	6.5
1996	71814	10474	17.1	2016	740061	54555	6.7
1997	79715	7901	11.0	2017	820754	80693	6.9
1998	85196	5481	6.9	2018	900309	79555	6.6
1999	90564	5368	6.3				

注：历年 GDP 均以 2015 年价格计算。
资料来源：中国统计局

五、创意产业的特点

创意产业的特征不同于传统的制造业，它具有典型新兴行业的众多特征，比如对于知识、文化、创意和创新都有着较高的要求，同时，因为具备这些特征，使其具有成为国民经济发展支柱型产业的潜力。综合来说，创意产业的特征突出表现在以下几点：

（一）附加价值相对较高

创意产业将一个个存在于头脑中的创意，通过各种信息和科技的加工，转变成具象的产品甚至是服务，给消费者带来精神上的具象体验，并且具有长久的附加效应。在创新、创意产品的价值实现阶段，创意产品和服务可以通过更新颖和有趣的形式传递给消费者，不仅可以满足消费者的基本物质要求，同时可以给消费者带来具象的精神服务。

（二）需求具有不确定性

创意产业生产的产品价格远高于传统制造业生产的产品价格。在进入市场后如果产生的回报率相对较低，企业将会面临损失以及风险，而且，创意产业的不确定性极强，通常会受到各地的文化习俗、地区特色，尤其是消费者本身的受教育程度、爱好等众多因素的影响。因此，如果创意产品或服务的内容不能得到消费者的基本认同，那么其本身能带来的收益和对经济以及市场的影响就很难估计。

（三）核心资本是知识和产权

创意产业的最终产品以及服务的产生离不开人的智力投入，其中涉及的智力元素必然需要相关知识产权的保护，最终才可以得到良好的利用，知识与产权的保护机制是创意产业可以持续发展的保障。

六、创意产业的社会作用

（一）创意产业推动社会经济增长方式的转变

当前社会经济得以快速增长，离不开知识、技术的大量投入。创意产业发展过程中，可以通过产品的独有特征，不断提高各种消费品的文化含量，通过它强大的拉动力，拓展产品的影响力，开发更广阔的服务市场，同时可以转变大众的消费方式，促进产业结构的调整升级。产业结构的调整升级必然关系到经济结构的变化。创意产业不仅可以促进传统制造业的转变和发展，同时对包括服务业在内的第三产业结构的调整也有着巨大的催化作用，可以促进传统的第三产业的发展。与此同时，发展创意产业有利于培育新的经济增长点。

（二）创意产业有效促进城市经济的可持续发展

不可否认的是，城市经济在国家经济发展中扮演着十分重要的角色。但是自人类进入工业化时代以来，城市的可发展空间已逐渐趋向饱和，对于各种资源的利用已到达了极限，只有另辟途径，才能继续为国家的经济建设出一份力。因此，必须从以下三方面入手才可能实现经济可持续发展。

第一，逐渐转变经济发展的理念，从开发物质、生态、环境等不可循环利用的资源向开发知识、技术、智力等可再生资源转变。

第二，推动经济增长方式的转变，从资源浪费、环境污染的现状向资源节约、环境友好的方向转变。

第三，推动城市经济从工业经济形态向知识经济形态转变。

（三）创意产业增强区域尤其是城市的综合竞争力

创新能力是各国综合竞争力的重要组成部分，创意产业作为创新能力的产物，最能体现各个区域和城市在每个发展阶段的创新和设计能力。现如今，创意产业的发展程度、集聚程度，已经在一定程度上成为发达地区的代名词了。英国伦敦、美国纽约、法国巴黎等城市，都凭借具有各自特色的创意产业而在世界闻名，创意产业可以说突出体现了城市的再造功能。

七、创意产业的研究意义

作为21世纪朝阳产业的创意产业，在全球综合实力竞争尤其是经济竞争中已经成为关键因素之一。一个国家的竞争能力一定程度上由该国的创新能力、创意产业的发展水平决定，创意产业的发展程度可以体现出国家智力资源的发展程度。以提升创新能力为主要内容的国际竞争力已成为国家发展的重要战略之一。

能够体现一个国家创新能力的创意产业从兴起以来便吸引了各个国家经济学家、管理学家、心理学家、社会学家等相关学者的高度关注。这些专家从最开始研究"创意（Creativity）"这个词语本身，逐渐扩展到研究与创意相关的产业和制造业活动，即"创意产业（Creative Industry）"。从经济学理论的角度来深入研究创意产业，可以说是在传统经济学的基础上，对该产业进行一定程度上的拓展和延伸。创意产业的产业要素、产业价值、运行效益及运行机制等都与传统经济形态下的产业要素、产业价值、运行效益及运行机制等存在根本上的不同。

第二节 创意产业发展的新时期背景

新时代,科学技术日新月异,全球化进程不断加快,各种新技术层出不穷,互联网、智能消费等已渗透到各个领域,我们的生活发生了翻天覆地的变化,同时,创意产业也迎来了前所未有的机遇与挑战。

当今世界,全球信息资源的交流越来越快,大多数国家和地区都在参与全球化进程,人类文明已经达到了前所未有的发展水平。

"互联网+"是知识社会中互联网发展的一种新形式。"互联网+"促进了互联网的发展和经济社会的发展,但"互联网+"不是互联网和传统行业的简单结合,而是通过二者的深度融合形成的现代化发展形式。基于信息通信技术和互联网平台,互联网成为推动传统产业发展的重要因素,不断为传统产业创造新的发展机遇。近几十年来,互联网深深影响了电子商务、互联网金融、媒体等诸多行业。这对工业来说是一个巨大的发展机会。

在互联网时代,人们的很多观念发生了变化,而商业与文化领域发展观念的变化尤为明显。互联网改变了传统商业模式,商品通过互联网渠道进行交易,交易方式发生极大变化,网上交易可以全天候进行,不受结账限制,交易时间更加灵活,同时,互联网丰富了交易类型,交易内容不仅包括最畅销的产品和服务,还包括其他各种产品。此外,互联网也加快了人们通过手机、电脑等互联网终端进行商品选择、商品交易以及商品评估和反馈的速度,减少了中间环节,节约了产品的销售时间,大大提升了产品的市场流通和营销效率。

在互联网时代,一切都变得越来越快,而且随着互联网影响力的扩大,传统企业的发展模式近年来发生了变化,试图整合互联网资源谋求新的发展。创意产业也在互联网背景下探索出新的发展出路,我们要抓住互联网时代的机遇,大力发展创意产业,将创意思维与网络思维紧密结合,与时俱进。

一、"互联网+"时代创意产业的新特征

科学技术的发展促进了信息沟通方式的进步,促进了电子商务的发展,信息

科技的出现改变了人与人沟通交流的方式，甚至改变了社会的发展方向。创意产业的发展也受到了科技改革与创新的影响，在互联网时代，创意产业的发展需要"创新"和"设计"。从传统美学意义上来说，成功的商业发展模式需要由"文化"创造"艺术"，"创意"支持"设计"，并且通过"产业"打造"品牌"。在这种情况下，政府的政策支持、创新带来的技术进步、创意团队带来的产品迭代以及服务模式和内容上的创新都是创意产业的发展动力。但由于创意产业具有不确定性，导致发展进程中风险较大，因此有必要在当前背景下探索创意产业的新型发展模式。

（一）"互联网+"背景下创意产业的风险与不确定性

在创意产业快速发展的同时，该产业面临的市场风险也在不断增加，同时也存在着很多不确定性。在创意产业发展过程中，由于市场上充斥着各种各样的信息，因此创意产业的发展面临一定的风险，这种风险与不确定性和经过优胜劣汰选择出来的发展模式有着巨大的关系，不同的发展模式会产生不同的结果。相关的市场甚至细化到市场功能，都可能会影响创意产业的发展，包括消费者（如收藏家或投资者）、生产者（如艺术家）、中介机构（如拍卖行或经销商）、社会制度、国际贸易、法律和税收、技术和虚拟环境、消费喜好和类型、文化和社会资本、产业结构和市场动态等。所以，从某种程度上来说，无论是作为消费者还是制造者，他们都或多或少地参与到了创新产业的发展中来，对创新产业的发展产生了影响。

（二）全球文化创意经济的竞争

随着科技的发展、全球化进程的加快以及世界各国经济的频繁交流，我们有必要立足全球市场重新审视生产者、服务者和消费者之间的关系。我们必须认识到创意产业在促进全球文化交流和世界经济发展中的特殊作用。在互联网2.0时代，市场经济强调"以消费者为中心"意味着文化产品在消费领域的数量和质量直接影响个人的选择和消费，特别是创意产业的产品。创意是具有全球竞争优势的资源，创意产品和服务在全球价值体系中占有非常重要的地位，也是各国竞争的焦点。

（三）大众媒体的作用改变

在工业资本主义早期，创新主要集中在工业设备的生产和商业体系的标准化上。然而，在满足市场主体的基本需求后，许多行业的经济增长模式开始转变。在这个过程中，媒体的作用逐渐凸显出来。大多数媒体发挥作用在很大程度上依赖于公众的关注。商业媒体的出现加速了所有商品的流通，其中就包括创意产业的产品。

（四）互动游戏的兴起

购物中心和虚拟现实已经逐渐渗透到网络空间，并成为数百万人的日常娱乐方式之一。互动游戏在许多方面都是真正的"新"媒体，它们与传统媒体存在市场竞争。了解创意产业的新特点，可以推动经济的可持续发展，从文化和技术的角度打造数字资本，设计数字游戏文化的发展规划和模式。

二、"互联网+"时代发展模式创新的必要性

现代创意产业的发展呈现出新的特征，尤其是在"互联网+"环境下。为了更好地实现创意产业的文化和经济价值，有必要了解创新创意产业的发展模式。

创意产业的发展需要创意，而创意源于人才，所以更需要有创造力的人才。这个行业的发展不仅需要专家和艺术家的参与，还需要消费者的参与。消费者不仅可以感受到文化的变化，还可以感受到创意产业的无形影响，能够给予最真实的反馈。文化创意是文化产业的核心，在网络平台的基础上，文化创意资源可以跨行业流动，不同行业的跨界协同发展能提升文化创意资源的价值。

随着新经济的发展，信息和通信技术在创意产业的发展中发挥着重要作用，特别是数字技术为创意产业文化的传播提供了重要的新媒体平台。互联网理念的传播打破了传统文化创作的局限，进一步激发了公众参与文化创意创作的积极性，随着越来越多的用户成为创意内容的创作主体，创意产业的文化价值越来越突出。

三、"互联网+"时代下创意产业的"大众"模式

"互联网+"时代背景下，仅仅为消费者提供简单的文化产品已不能满足其需求。互联网时代是大众化的时代，互联网为全世界人民进行资本、智力、文化

等资源的合作与共享提供了重要的平台。创意产业的发展满足了大众更多的文化需求和精神需求。

一方面，互联网已经成为创意产业发展的信息流通平台。文化企业通过互联网收集和交流思想，投资者之间利用互联网沟通，互联网资源共享降低了经营者与消费者之间的信息不对称程度。在互联网时代，企业能够准确进行市场细分，识别市场，整合分散的用户需求，提高用户满意度。另一方面，互联网为人、物、财的聚集提供了重要平台，而这又为文化创意产品的改造和沟通、交流提供了重要的人力、物力和财力资源。文化企业尤其应该培养具有创造性和专业性的人才，为创意产业的发展提供人力资源保障。

（一）众筹：资金集成，实现融资循环

众筹是创业者在创业过程中的一个重要环节，它属于一种风险投资，常常被创意产业的企业家采用，但其不同于传统产业中的股权投资方式。众筹是指依托互联网和数字基础向众人筹集资金，作为创意产业发展的启动资金，利用这部分资金为人们参与文本创作和虚拟社交网络提供最基础的资源。创意产业中众筹的资金用于项目资助，这是在互联网平台上完成的。众筹参与者先认可项目，然后才投入资金。众筹这种新型风险投资方式不但从资金上支持创意产业的发展，而且为后期创意产业中相关产品与服务的营销积累了潜在的消费群体。创建集资项目的人员对创意产业项目给予资助，或通过其他方式予以扶持，而不管采用什么渠道，互联网都提供了重要的平台。项目集资网站的建立充分体现了互联网在这方面的重要性。基于互联网而构建的项目集资网站具有"可移动性"，能够被大众共享。

（二）众智：智慧集成，创造共同价值

越来越多的公司采用智能策略来帮助公司评估项目风险、分析高投入产品并解决新产品推广中相关的市场问题。CIIC方法是解决业务价值链过程中出现的技术或管理问题的重要方法之一。从研发、设计、营销和售后服务的角度来看，集体的智慧充分体现在近年来世界500强企业利用网络平台而采取的相关行动上。

众智在创意产业的目的是通过O2O（线上线下）整合不同群体的智慧，打造差异化的文化产品，一方面，利用线上资源收集消费者信息，利用不同互联网平

台为创意产业建立文化消费数据库；另一方面，通过线下活动收集消费者评价和反馈，提供足够的消费者信息，实施有针对性的产品设计。

四、"互联网+"时代我国文化产业发展方式的转变

文化是人类的精神家园。随着社会主义市场经济体制的逐步完善，文化作为一种产业，在社会生活和国家综合实力的竞争中发挥着越来越重要的作用。文化产业除了传统的表演、展览、报刊出版外，还包括休闲娱乐、广播、影视、体育、旅游等行业，在"互联网+"时代到来的今天，移动互联网的广泛普及深刻改变了传统媒体的格局，使其向"媒体融合"的多元化方向发展。进一步推动相关产业的融合、转型和升级。

文化产业转型升级具有重要意义，在新的二元结构下，中国文化产业发展模式转型的薄弱环节在哪里？我们能为文化产业的创新和发展做些什么？这是我们要思考的重要问题。面对"互联网+"，文化产业不仅要保持快速发展，还要努力提高发展质量，建立文化区，通过培养人才与科技创新提升国家文化软实力，这符合我国建设创新型国家的发展战略。

我国要借云计算和大数据时代的东风，采用"大众创业""万众创新"等新方法、新形式，以新媒体为工具、平台，不断提升文化产品的科技含量，加强高端品牌文化产业的素质教育和培训，因为它们不仅基于"云教室"和"异常教室"等现代科学教育和信息手段来传播文化，也在一定程度上促进了我国高等教育改革模式的建立和发展。只有依靠科学技术，重视质量，才能适应新形势下我国文化产业发展的变革趋势。

文化产业创新离不开文化资源和"创意导向"的文化产品。在"媒体融合""内容为王"的信息时代，无论是传统媒体产品，还是电视影像、数字动画等新媒体产业，都是资本运营的优秀基础产品。在竞争中脱颖而出的优秀产品是人类创造的财富，我们不仅要扎根于中国传统文化，还要学习西方文化，把创造力放在首位，进一步完善文化产业价值链，实现传统文化价值观与创意产业发展的深度融合。

文化产业发展方式的转变也必须以创新、创业、发展创意产业、调整产业结构为重点，促进产业优化升级和产业融合发展。

五、智能消费时代来临

随着移动互联网的发展、技术进步和高性能低功耗处理芯片的推出等，智能终端将会从现在的智能手机扩散到其他触手可及的物品上。最终人们的生活将遍布各种智能终端，方便携取，满足人们个性化的需要。

福里斯特研究公司分析师莎拉·罗特曼·埃普斯指出："身体是个人电脑进军的下一个领域。"智能穿戴设备将会带来又一次颠覆性的媒介革命。

除了身体领域，把电脑和数控技术相结合，开发出智能家电，改变现有的家庭生活方式，这将是智能消费的另一大市场，如数控冰箱、具有模拟逻辑思维功能的电饭煲等。在国家相关政策的鼓励下，在三网融合和物联网技术的推动下，冰箱、空调、微波炉等家电进一步智能化，家庭生活将步入智能时代。

第三节　创意产业的发展现状

一、我国创意产业的总体发展现状

"文化产业"一词首次出现在加快发展第三产业的重大战略决策中，可见我国文化产业的发展受到国家的高度重视。当前，我国文化发展从文化产业向创意产业转变，创意产业处于发展的关键期。

（一）产业竞争力逐渐提升

近年来，我国创意产业的国际竞争力逐步提升，为了衡量产业竞争力，学者们提出了不同的测度方法。

从进出口贸易看创意产业的国际竞争力。根据联合国贸易和发展会议（贸发会议）的统计，中国的创意产品出口远远超过进口，如图1-3-1所示为产品贸易和出口的变化。2002年至2015年间，中国的创意产业出现了两次轻微的波动和衰退：一次是受2009年金融危机的影响，一次是受2015年经济复苏乏力的影响，国际需求下降，平均年增长率约为13.63%。

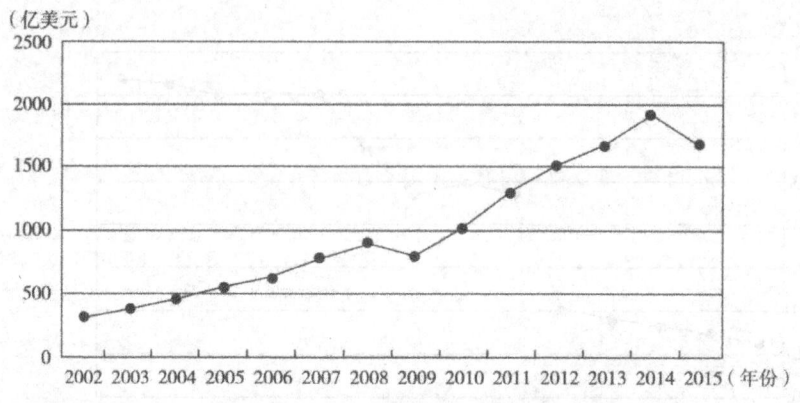

图 1-3-1　我国创意产品贸易出口额[①]

我国创意产品出口总额远高于其他行业。不同行业创意产品出口的规模、趋势大致相同，其中设计行业出口总额占创意产品出口总额的比重最大。视听产业创意产品出口所占份额很小（图 1-3-2）。

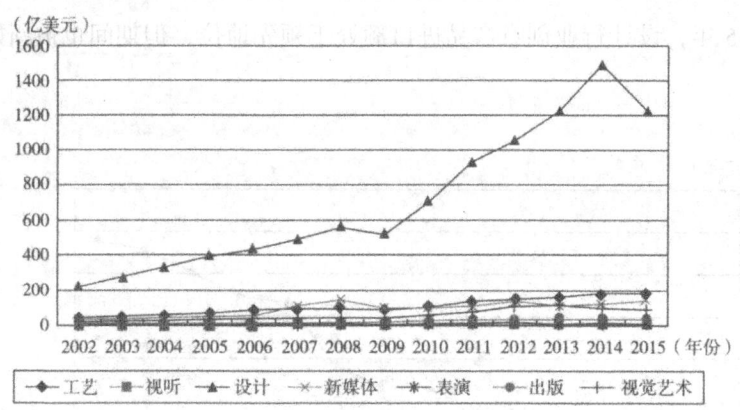

图 1-3-2　我国细分创意产品贸易出口额[②]

2002—2015 年，中国创意产品进口呈现增长态势，2007 年和 2011 年出现两次大幅增长。从经济增长与金融危机的关系来看，我国创意产品贸易进口的短期波动性略有下降，如图 1-3-3 所示。我国进口的创意产品已经被越来越多的消费者所接受和认可，创意产业的国际竞争力也越来越强。

---

① 张京成. 中国创意产业发展报告 2019[M]. 北京：中国经济出版社，2019.
② 同上.

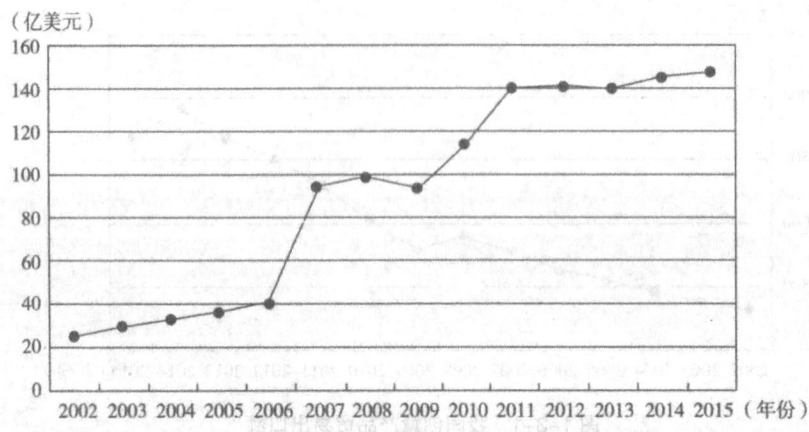

图 1-3-3 中国创意产品贸易进口额

从产业分割的角度看，我国不同产业的创意产品进口贸易额比较接近，如图 1-3-4 所示。除娱乐业外，其他行业呈现快速增长趋势，包括设计业、新媒体行业等。设计业、视听业和新媒体业的创意产品贸易进口量遥遥领先其他行业。2002—2015 年，设计行业创意产品进口额处于领先地位，但期间也被新媒体和视听超越过。

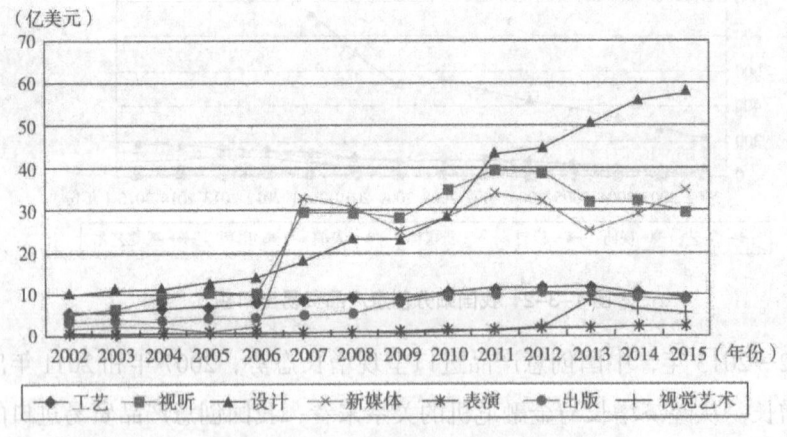

图 1-3-4 中国细分创意产品贸易进口额

如图 1-3-5 所示，2003 年至 2004 年，我国创意服务贸易结构为贸易逆差，2004 年后为贸易顺差，但在 2009 年，由于经济危机的负面影响，创意服务的全球进出口额大幅下降，贸易结构基本平衡。中国创意服务出口额从 2003 年的 5.53

亿美元大幅增长至 2012 年的 50.02 亿美元，年均增长 31.69%，出口额从 2003 年的 5.97 亿美元增至 2012 年的 39.02 亿美元，年均增长 26.45%。显然，近年来，我国的创意服务贸易发展非常迅速，创意产品贸易也得到了较快的发展，同时也表明了我国的创意服务能力不断提升，创意产业的国际竞争力不断提高。

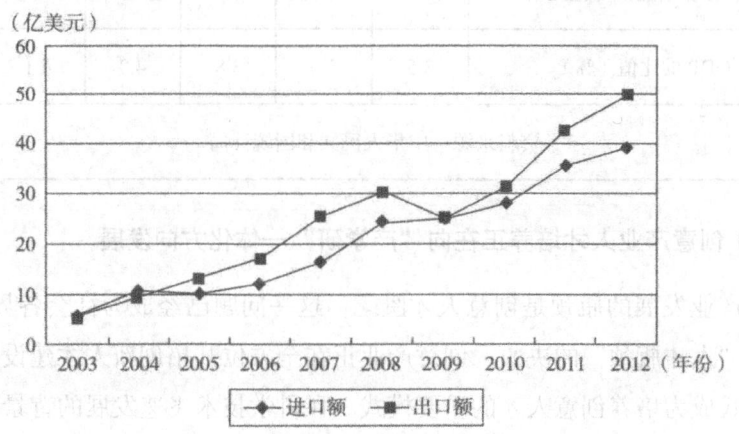

图 1-3-5　中国创意服务贸易进出口额

（二）产业增加值稳步提升

创意产业在中国经济中扮演着越来越重要的角色，不仅体现在创意产品的进出口方面，还体现在产业增加值上。中国文化创意产业增加值由 2012 年的 18071 亿元增加到 2017 年的 34722 亿元。据统计局公布的数据显示，2013 年，中国文化创意产业首次突破 2000 亿元。2017 年，我国文化制造业、文化批发零售业和文化服务业增加值分别为 12083 亿元、3334 亿元和 19305 亿元，分别占文化创意产业增加值的 34.8%、9.6%、55.6%。与 2012 年相比，这三个行业的增加值在文化创意产业增加值中所占份额都有所增加。这意味着我国文化创意产业的发展受到越来越多的关注（表 1-3-1）。

表 1-3-1　我国文化创意产业增加值

年份	2012	2013	2014	2015	2016	2017
文化及相关产业增加值（亿元）	18071	21351	23940	27235	30785	34722
文化制造业增加值（亿元）	7247	9166	9913	11053	11889	12083

（续表）

年份	2012	2013	2014	2015	2016	2017
文化批发零售业增加值（亿元）	1193	2146	2386	2542	2872	3334
文化服务业增加值（亿元）	9631	10039	11641	13640	16024	19305
占GDP的比值（%）	3.5	3.6	3.8	4.0	4.1	4.2

资料来源：中华人民共和国统计局

（三）创意产业人才培养正在向"产学研"一体化方向发展

创意产业发展的瓶颈是创意人才匮乏，这一问题已经成为社会各界的共识。基于破解"人才瓶颈"的决心，创意产业正在全方位开拓创新人才建设，产学研一体化模式成为培养创意人才的重要模式。在科学技术飞速发展的背景下，传统的高等教育体制已不能适应创意产业的发展需要，一些高校一方面要适应时代的变化，另一方面要适应新形势的要求。高校要努力与科研院所、企业紧密合作，整合资源优势。北京大学、中国人民大学、上海交通大学等高校都有自己的创新人才培养基地，开设与创意产业相关的课程，培养创意产业从业人员。

从政府角度看，各地政府意识到创意人才不仅要靠引进，更要靠长期培养。因此，一些城市已经制定了人才培养计划，如上海创意产业中心、上海市劳动局、上海有关高校和创意集聚区联合启动《上海创意产业优才培训计划》，在上海五大高校建立创意产业人才培训基地，培训内容由创意名家讲坛、创意大师访谈录、创意实训教师等组成，特别是设在龙头创意企业和创意产业集聚区内的实训基地对培养符合产业需求的创意人才发挥了重要的作用。

（四）创意产业理论研究更加深入，高校、科研院所和咨询机构的联动加强

在经历了创意产业学术争鸣和理论探索之后，国内学术界对创意产业的理论研究更加深入，视野也更开阔。在全国范围内，专业的创意产业研究团队也从原来的科研机构，如最早设立创意产业研究机构的中国社科院、上海社科院、北京社科院、北京市科学技术研究院等，逐步向高等院校、咨询机构拓展。继北京大

学、清华大学、中国传媒大学、中国人民大学、上海戏剧学院、上海交通大学等众多院校之后，南开大学、中南财经政法大学、厦门大学、西安交通大学等高校也相继成立了文化创意产业研究中心，对创意产业理论进行深入研究。一些知名咨询公司也开始涉足创意产业领域，从实地调研的角度，针对创意产业投资等各种具体问题进行研究。创意产业融资、创新产业人才培养模式、创新产业集群管理等已经成为研究的热点。

（五）创意产业投融资瓶颈正逐步破解，金融机构开始介入创意产业

近年来，金融机构采取了一系列政策措施全面介入创意产业，推动创意产业发展。创意产业投融资已步入快速发展的轨道。我国有关部门明确提出要设立创意产业基金，对文化产业的投资应以国家重点文化企业为主。此外，创业板开辟了一些文化创意企业和高新技术企业上市融资渠道，创业板的真正意义不仅在于开辟新的组合融资渠道，现代金融等创意产业也有一定的生存渠道，客观上吸引了风险投资。北京、上海等地的创新企业也在探索各种融资渠道，建立投融资一体化体系，包括国家投资、公共投资、私人投资、公私合营、风险投资等，以促进创意产业发展。创意企业无形资产的评估具有高风险、高难度的特点，其评估模型主要有著作权质押、增加中小企业担保额度、融资租赁、证券期权等。

（六）创意产品与文化贸易的融合日益深化，加快了"走出去"的步伐

创意产品与文化贸易的融合推动了创意产业的国际贸易增长，加快了中国文化产业"走出去"的步伐。在我国创意产品出口中，大部分是以加工贸易方式出口，其中设计类产品所占比重最大，包括时尚产品、室内装饰装潢用品、玩具、珠宝和建筑设计图纸等，多年来一直占到75%—80%。依据UNCTAD（联合国贸发会议）的统计方法和数据，中国创意产业的国际贸易顺差持续增长，占世界贸易的比重不断增加。尽管UNCTAD的数据显示中国创意产品和服务贸易占据世界领先地位，但事实是，这些出口商品贸易大多是中国制造、国外设计的有形产品的加工制造，再返销国外市场所带来的海关统计口径上的"虚假繁荣"，而"中国创造"的创意产品、以文化内容产业为核心的版权贸易在国际市场上的表现还不尽如人意。

（七）创意产业交流活动、学术研讨和项目合作向产业化、国际化发展

自 2004 年"中国国际创意产业发展论坛"在上海首次召开，各类创意产业的交流活动、学术研讨和交易活动在全国各地频繁举行，一度达到热火朝天的程度。创意产业活动在全国范围内形成了"三大盛世"，即"北京国际文化创意产业博览会""上海创意产业活动周""中国（深圳）国际文化产业博览交易会"。经过十多年的积累，促进创意产业发展的各种交流活动呈现出国际化趋势，项目合作与交易向产业化、资本化的纵深发展，促进了"创意产业化"、知识产权等成果转换，也促进了社会资本和外资进入文化创意产业，特别是深圳文博会的举办对促进创意产业、开拓国内外市场起到了积极的推动作用。

二、我国文化创意产业发展的特点

中国文化创意产业的发展具有集群化、旧建筑和仓库重复利用、多元化的特点，以产业集聚的形式在中国大城市蓬勃发展。

（一）集群化

集群化是中国创意产业最为突出的一个特征。目前，中国已经形成了以北京为中心的六大文化创意产业集群，包括以北京为中心的首都创意产业带，以上海为龙头的长三角创意产业带，以广州、深圳为重点的珠三角创意产业集群，以昆明、丽江、三亚为重点的滇海创意产业集群，以重庆、成都、西安为重点的川陕创意产业集群，以长沙为代表的中部创意产业集群，都各有特色。我国有些创意产业基地建在旧厂区，从环境方面来看，有很强的可塑性和可开发性，而且氛围良好，也能节约经营成本，所以对同类企业的吸引力还是很强的。有的创意产业基地建立时间较早，经过多年的发展，已有了比较完整的运行模式，对周边地区的经济发展也具有巨大的辐射作用。例如，上海泰康路艺术街汇集了多家国内外小型视听艺术企业，包括艺术研究、设计室、艺术画廊、文化中心等，以创意设计为核心，涵盖视觉创意设计的各个领域，形成完整的产业链。北京市重点扶持文化产业，不同子行业呈现出不同程度的产业集聚趋势。

（二）以老建筑为载体

以旧建筑为基础发展文化创意产业是中国创意产业发展的特点之一。例如，近

年来上海加强了对工业和历史建筑的保护和开发，形成文化创意产业集群，将老工厂独特的历史文化内涵转化为新的灵感源泉，吸引创意人才汇聚创意产业基地，并大力兴建创意产业园，发展文化创意产业，使得老工业区甚至农场焕发出新的光彩。杭州创意产业聚集区 LOFT49 的前身就是建筑面积近 10000 平方米的老厂房。

（三）多样化

我国各地的创意产业的发展呈现出多样化的特点，分析如下：

北京创意产业的发展形成了较为完整的模式，该模式的基础结构特征为以企业为主体，以市场为主导，同时发挥政府的宏观调控与引导职能。

上海整合社会资源，探索具有上海特色的文化创意产业发展模式，最终创造了五大类创意产业，涉及研发设计、建筑、文化传媒、咨询策划、时尚消费。

深圳构建了由三个层次构成的创意产业模式，包括核心层、外围层和相关层，不同层次包含与涉及的行业有所不同，如核心层有新闻、出版、文化服务等，外围层以休闲娱乐服务为主，相关层包括文化用品等。在深圳创意产业的市场化发展中，社会力量发挥了十分重要的作用，进入文化产业领域的企业不仅包括文化企业，还包括非文化企业，不仅有国有企业，还有私有企业、外资企业等。

三、主要城市发展状况

创意产业在城市的发展状况主要体现在北京、上海、杭州等发达地区，这些年轻人聚集的地区创意产业的发展相对较好，这些地区创意产业的增加值可以占到地区 GDP 的 10% 以上（表 1-3-2）。从 2011 年到 2012 年各地创意产业增加值都有不同程度的增加。北京文化创意产业在加快转变经济发展方式和建设先进文化之都的背景下，呈现出积极良好的发展势头，2012 年，文化创意产业增加值已经突破 2000 亿元大关，占地区 GDP 的比重不断上升，文化创意产业的支柱地位不断显现。

上海围绕建设国际文化大都市的重要部署和总体目标，全力发展文化创意产业，2012 年增加值突破 2000 亿元，占 GDP 的 11.29%。2012 年，上海市形成了"多点布局、特色聚集、合作联动"的文化与科技、金融、贸易等产业融合创新发展的格局，文化创意产业的地位不断提升。

深圳市在发展创意产业方面，将文化与旅游、科技、金融深度融合，形成了独具特色的发展模式，使创意产业经济收入逐年提升，占全市 GDP 的比重不断增加，尤其是动漫产业、文化软件、新媒体及文化服务业等以数字内容为核心的产业发展势头非常迅猛。

杭州文化创意产业规模不断扩大，效益逐年增加，文化创意产业已成为杭州的支柱产业。

表 1-3-2 2011、2012 年中国主要城市创意产业发展概况

城市	行业名称	增加值（亿元）		增加值占 GDP 比重（%）		就业人数（万人）	
		2011 年	2012 年	2011 年	2012 年	2011 年	2012 年
北京	文化创意产业	1938.00	2189.20	12.20	12.30		
上海	文化创意产业	1923.00	2269.76	10.02	11.29	—	129.16
杭州	文化产业	843.30	1060.70	12.03	13.59	—	53.19
长沙	文化产业	550.00	556.50	—	8.70		
深圳	文化产业	875.00	930.00	8.00	7.20		

资料来源：中华人民共和国统计局

四、全球创意产业发展规模

全球创意产业空间分布格局极不均衡，主要集中在以美国为核心的北美地区，以英国为核心的欧洲地区和以中国、日本、韩国为核心的亚洲地区。

近年来，我国政府积极出台促进文化创意产业发展的各项政策，随着文化改革的深入推进，社会力量投资文化创意产业的热情高涨。文化创意产品和服务逐渐呈现多样化状态，文化产业发展速度稳步增长，我国文化产业的核心竞争力和影响力进一步提升。

五、我国文化创意产业进一步发展的条件

目前,我国文化创意产业的发展还存在许多问题,如市场尚不成熟、需求不稳定、产业链不完善等,这些问题都有待解决与处理,从而推动我国文化创意产业的进一步发展。具体可以从下列几方面努力,为创意产业的发展提供良好的条件。

(1)我国要积极完善创意产业运行管理体系、公共服务机制,构建创意企业信用评价体系、评价网络。

(2)加快实现投资者的多元化和社会化,降低创造成本,创建信息灵活、效率高的投融资环境。

(3)建立知识产权交易平台,促进创意产品的大规模生产。

(4)组织国内外展会,协调利益冲突,帮助中小文化创意企业抵御市场风险。

(5)加强人才培养。

第二章 创意产业发展的经验借鉴

欧洲是创意产业的发源地，欧洲的文化底蕴为创意产业提供了热土。美国是一个创新型国家，美国创新、创意的观念意识与其发展历史有渊源，与美国文化产业发展也密切相关。在亚洲，日韩等国早在20世纪末就提出发展创意产业，其创意产业都属于"文化型"，且涉及的行业领域比较广。欧美国家、日韩等亚太国家发展创意产业的先进经验对我国具有重要的借鉴意义。由于各地区的经济基础、文化底蕴、社会价值观不同，欧美地区国家创意产业的发展有着各自的内容和特点，本章对欧美地区部分国家和亚太地区部分国家的创意产业发展情况进行简单分析。

第一节 欧美国家创意产业发展

一、英国创意产业发展

（一）英国创意产业的发展历程

英国是世界上第一个经历工业革命的国家。特别是在19世纪，英国制造业被称为名副其实的"世界工厂"。旧工业部门衰落，工业发展开始衰退，国家陷入严重的经济危机。为了解决这一问题，英国必须改变经济发展模式，调整经济结构，发挥自身优势，以增加利润，创造更多就业机会。

1997年5月2日，托尼·布莱尔正式成为英国首相，为实施"新工党、新英国"计划，在英国大选中提出成立"英国文化、媒体和体育部"，主要负责英国文化艺术、广播媒体、旅游、体育娱乐等方面的工作。为了寻找英国新的经济增长点，改变英国经济低迷的局面，英国于1998年成立了专业的创意产业工作团队，该团队发表了第一份创意产业研究报告，首先对创意产业的概念进行了界定，随后政府出台了一系列促进创意产业发展的政策。2000年，英国创意产业在指导、组织管理、员工培训和财政支持方面取得了巨大成功，拥有约122000家企业。IDBR的数据显示，英国注册的创意公司占英国公司总数的7.6%。2001年，创意产业工作团队发表了第二份研究报告。报告显示，自创意产业蓬勃发展以来，联合王国的创意产业以每年8%的速度快速增长。到2001年，英国的创意产业价值达到1120亿英镑，约占英国国内生产总值的5%。随着英国创意产业的逐步发展，其国际竞争力不断提升。

联合国贸易和发展会议（贸发会议）的统计数据显示，21世纪以来，英国的创意产品贸易额增长迅速，但贸易进口额远远高于出口额，平均增长率为3.7%。如图2-1-1所示，2002年至2015年期间，英国创意产品的年出口额约为5.09%。创意产品的出口额从2002年的135.92亿美元迅速增长到25926亿美元。受全球金融危机的影响，英国创意产品出口在2008年和2009年急剧下降，但在2009年之后继续回升，原因是经济回暖。

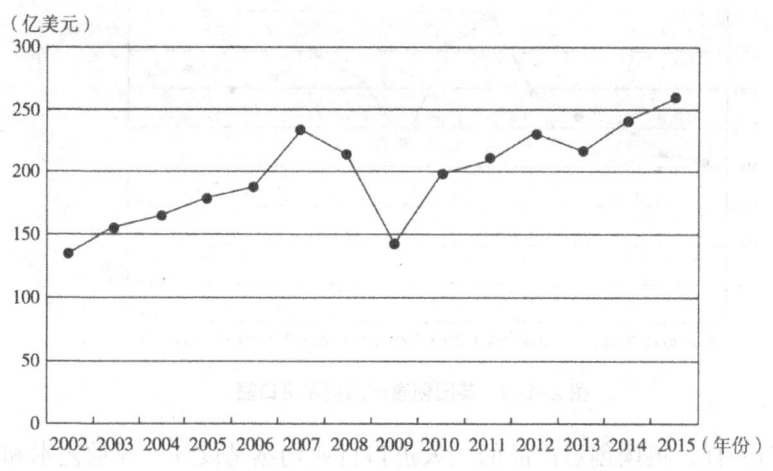

图2-1-1　英国创意产品贸易出口额

从行业角度来看，从2002年到2015年，英国各行业创意产品贸易的出口趋势大致相同，设计、视觉艺术和出版行业具有代表性，这三个行业从2002年到2015年的年平均出口额占比依次为35.18%、30.53%和19.65%，超过世界上大部分国家。这意味着英国的创意产品贸易是英国产品贸易的重要组成部分。如图

2-1-2 所示为 2002—2015 年英国创意产品子部门的贸易和出口情况。

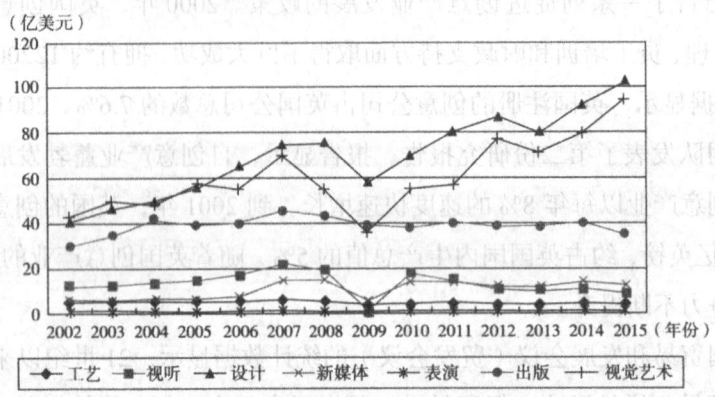

图 2-1-2　英国细分创意产品贸易出口额

如图 2-1-3 所示的英国创意产品贸易进口额反映了英国创意产业的国际竞争力。英国创意产品进口额高于出口总额，导致英国创意产品贸易逆差。

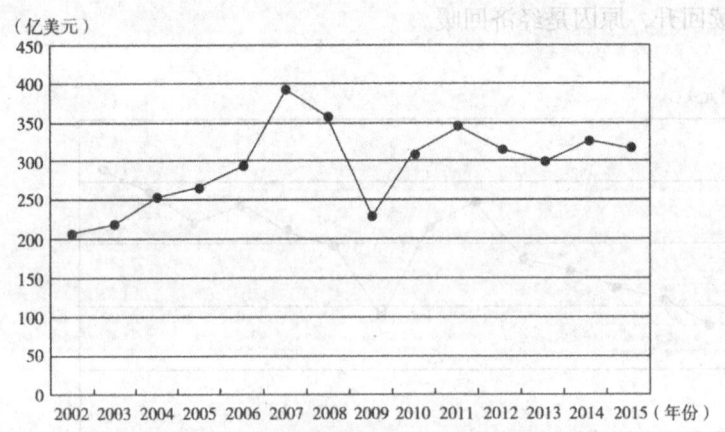

图 2-1-3　英国创意产品贸易进口额

与出口一样，英国创意产品的三大进口行业仍然是设计、视觉艺术和出版，但各行业的进口额及其在英国全国创意产品进口总量中所占的额度各不相同，其中设计行业的产品进口额占英国创意产品进口总额的一多半。视觉、出版、新媒体、视听、手工艺和表演业分别占 19.06%、10.74%、7.59%、6.23%、5.99% 和 0.97%。各子行业创意产品进口的趋势受英国和全球经济总体发展的影响，其趋势与英国创意产品的出口额总体趋势一致，如图 2-1-4 所示。

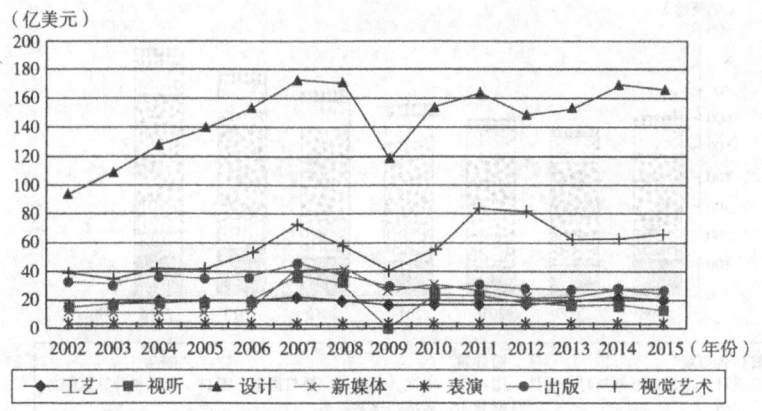

图 2-1-4　英国细分创意产品贸易进口额

在政府的大力支持下,英国创意产业的产值大幅增长,创意产业的附加值从 2008 年的 611.45 亿英镑增至 2008 年的 840.67 亿英镑。英国创意产业增加值占 GDP 的比例从 2008 年的 3.91% 上升到 2014 年的 4.61%。如表 2-1-1 所示。

表 2-1-1　英国创意产业增加值

年份	2008	2009	2010	2011	2012	2013	2014
创意产业增加值（亿英镑）	611.45	576.18	597.53	651.80	698.49	771.87	840.67
全英 GDP（亿英镑）	15642.5	15194.6	15724.4	16282.7	16750.4	17395.6	18224.8
占比（%）	3.91	3.79	3.80	4.00	4.17	4.44	4.61

从产业分工来看,2008 年至 2014 年,英国创意产业在 IT、软件和计算机服务方面的增值率最高。在英国创意产业增加值中的占比从 2008 年的 42.55% 上升到 2014 年的 43.51%。而 2008 年至 2014 年间,英国出版业的增加值有所下降,影视、广播和摄影呈上升趋势,其他行业增加值比较稳定。2014 年,子行业增加值在全国创意产业增加值中的占比情况,IT、软件与计算机服务占 43.51%,广告业占 15.76%,电影、电视、音响、广播与摄影占 12.86%。音乐、表演与视觉艺术占 6.48%,建筑占 5.15%,广告市场、设计分别占 15.76% 和 3.85%,工艺制品占 0.34%,如图 2-1-5 所示。

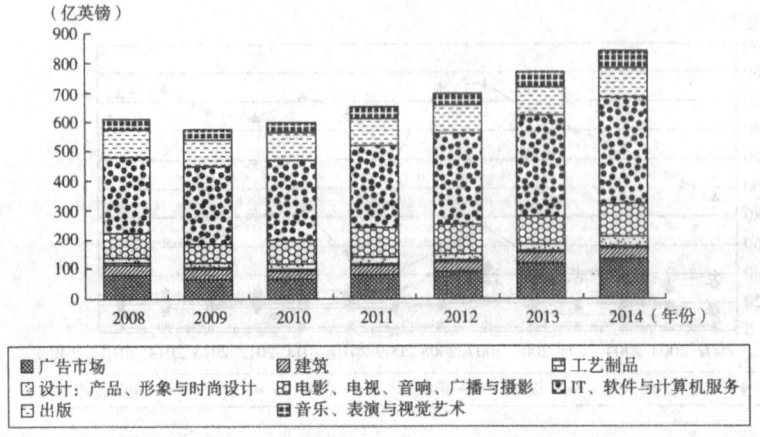

图 2-1-5 英国创意产业细分行业增加值

总之，英国的创意产业发展快速，无论是在创意产业的增加值、创意产品和服务的国际贸易方面，还是创意经济在英国经济结构中所处的地位方面，都能体现出英国创意产业的发展势头迅猛，这与英国政府的一系列指导和支持密不可分。

（二）伦敦的创意产业

1. 发展背景

（1）经济环境

20世纪90年代，英国人均GDP超过10000美元，根据国际经济数据，英国人均GDP达到5000美元后，该国的文化需求将随着居民消费水平的提高而不断增长。

（2）位置特征

伦敦是一座历史悠久的城市，不仅是英国的政治中心，也是英国的经济文化中心。伦敦汇集了世界级的时尚和创意人才，拥有一流的设计师、作家、艺术家和其他人力资源。许多改变世界生活方式的重要发明和想法都受到伦敦的启发。此外，伦敦是一座多功能、人口众多的城市，也是世界著名的旅游目的地，拥有众多的旅游景点和博物馆。独特的区位优势为伦敦的产业发展提供了广阔的空间，促进了文化创意产业的发展。

（3）机会条件

20世纪末，英国经济陷入困境，需要加快经济改革和创新。在英国政府的支持下，英国文化创意产业为英国经济的发展提供了强有力的支撑，1998年的经济危机和全球创意产业的兴起为伦敦文化创意产业的发展提供了良好的机遇。

2.文化创意产业发展模式

伦敦创意产业采取政府主导的发展模式，政府作为创意产业发展的主体和动力，在创意产业发展中发挥主导作用。政府通过制定与实施促进区域创意产业发展的政策，推动产业跨越式发展。可以说伦敦文化创意产业的兴起是政府干预的结果。

二、美国创意产业发展

（一）美国创意产业的发展历程

在美国，创意产业被称为版权产业，反映了人们对创意产业的独特认识，美国对版权保护的重视也进一步加强。美国大力发展创意产业，以提升国际竞争力。

根据联合国贸易和发展会议对创意产品进出口数据的统计，2002年至2015年期间，美国的创意产品进口额大幅增加，出口额相对而言较少，但也是逐年增加的。美国的创意产品出口额从2002年的172.37亿美元增加到2015年的405.04亿美元，年均增长约6倍。2009年，美国创意产品出口额受金融危机的影响有所下降，2015年又略有波动，稍有下降（图2-1-6）。

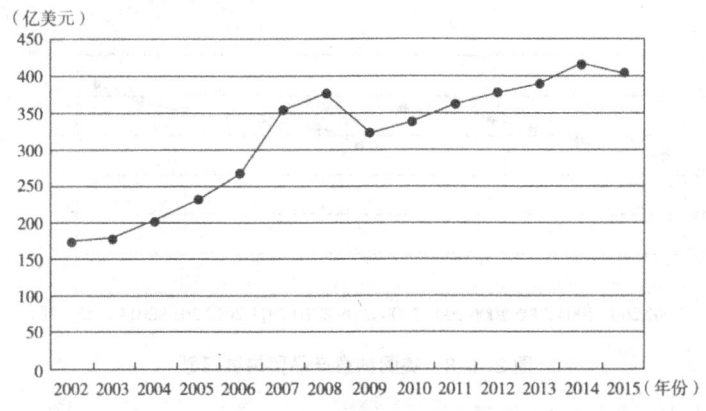

图2-1-6　美国创意产品贸易出口额

如图2-1-7所示，2009年，美国视觉艺术和工艺的创意产品出口额非常少，其他子行业创意产品出口额也有不同程度的下降，但其他时间基本以增长为主。

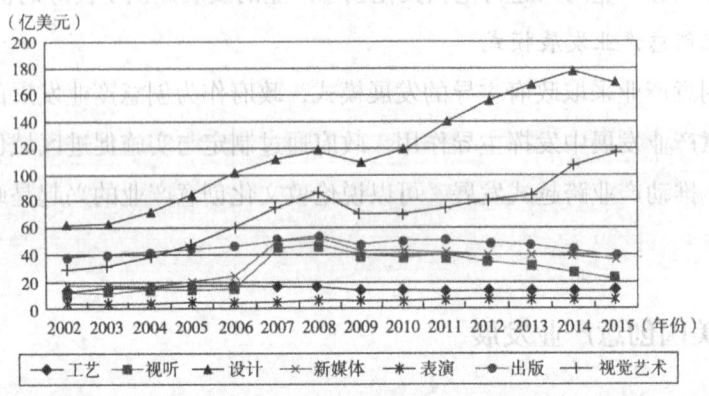

图 2-1-7　美国细分创意产品贸易出口额

2002 年至 2015 年美国创意产品进口额的变化如图 2-1-8 所示。2002 年，美国创意产品贸易进口额为 687.39 亿美元，约为出口额的 3.99 倍；2015 年，美国创意产品贸易进口额为 1057.41 亿美元，约为出口额的 2.61 倍。这意味着美国创意产品贸易不平衡的结构已经得到了极大的改善和缓解。从 2002 年到 2015 年，美国创意产品进口的年均增长率约为 3.37%，仅为出口年均增长率的一半。金融危机不仅影响了美国创意产品的贸易出口，也在一定程度上影响了其贸易进口。因此，2008 年和 2009 年，美国创意产品的贸易进口总额有所下降。

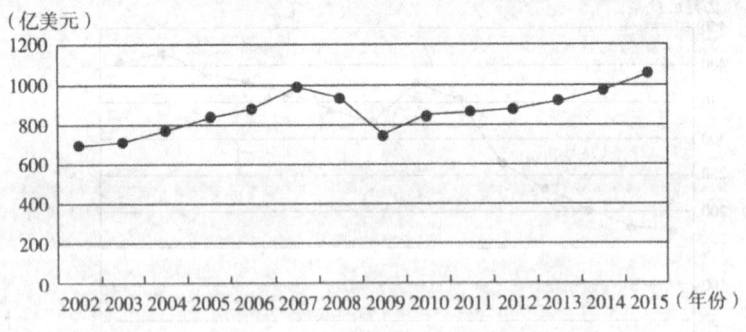

图 2-1-8　美国创意产品贸易进口额

就子行业而言，美国不同行业创意产品的贸易进口额差异很大。设计行业创意产品贸易进口额占全国创意产品贸易进口额的 61.77%，超过其他行业创意产品总进口额。可以看出，美国消费者对设计创意产品有着巨大的需求。其他行业创意产品进口量相对较小，2002—2015年增速也较低，如图2-1-9所示。

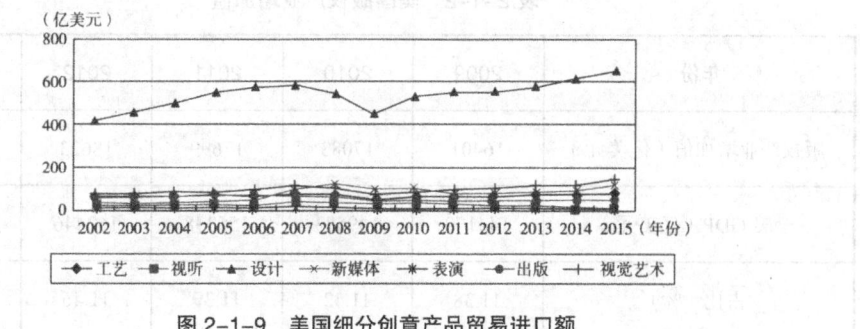

图 2-1-9　美国细分创意产品贸易进口额

美国创意服务贸易进出口现状与该国创意产品贸易进出口现状正好相反。从2003年到2011年，保持了出口额大于进口额的格局。从2002年到2011年，创意服务出口额和进口额逐年增加。与英国相比，美国创意服务进出口的变化是比较显著的。美国创意服务贸易出口额从2003年的128.86亿美元增加到2011年的376.59亿美元，平均每年增长14.91%。创意服务进口额也保持迅速增长的态势。2003年，创意产品进口额为62.4亿美元，2011年增长到278.56亿美元，年均增长60.58%（图2-1-10）。

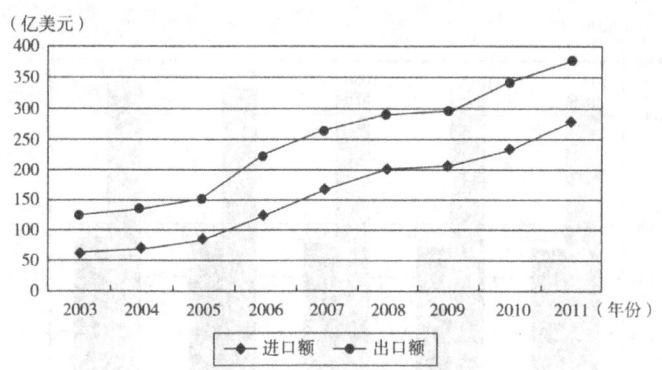

图 2-1-10　美国创意服务贸易进出口额

美国创意产品和服务的国际竞争力的提高反映了美国创意产业的快速发展，美国政府为推动创意产业的发展而提供了政策法规支持、资金支持、技术支持、人员支持，这是美国创意产业发展迅速的主要原因。

美国先进的知识产权立法的发展有效地促进了版权产业的发展，美国版权产业的增加值2009年为16401亿美元，2013年为19217亿美元，如表2-1-2所示。

表2-1-2 美国版权产业增加值

年份	2009	2010	2011	2012	2013
版权产业增加值（亿美元）	16401	17083	17699	18623	19217
全美GDP（亿美元）	144179	149583	155338	162446	167997
占比（％）	11.38	11.42	11.39	11.46	11.44

资料来源：Copyright Industries in the U. S. Economy：The 2014 Report.

根据美国经济中版权产业多年来公布的数据，截至2013年，美国版权企业从业人员达到1120.7万人，占全美就业总数的8.26%。如图2-1-11所示，美国版权企业从业人员人数从2009年的1073.2万人增长为2013年的1120.7万人。核心版权行业的员工人数由2009年的512.6万人增长为2013年的547.1万人。核心版权产业的年平均增长率高于整个版权产业，其在美国版权产业中的份额从2009年的47.76%上升到2013年的48.82%。

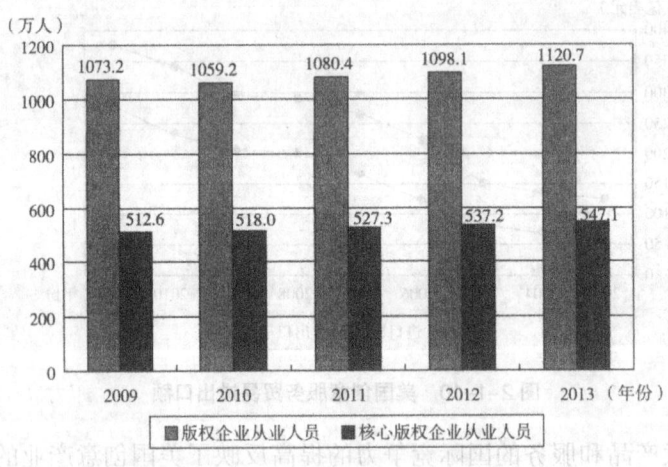

图2-1-11 美国版权产业从业人员

综上所述，20世纪70年代以来，在版权战略的指导下，美国的版权产业得到了迅速发展，产业增加值和从业人员的数量逐年提高。美国版权产业在国家经济中发挥着越来越重要的作用，这是美国政府出台与实施一系列版权保护政策取得的成果。

（二）纽约的创意产业

1. 发展背景

（1）经济环境

第二次世界大战期间，纽约的制造业衰退，许多工厂倒闭，闲置的工厂租金下降，吸引了大量的艺术家把旧工厂改造成艺术工作室和居室，工作室内有先锋艺术表演，工作室周边有许多咖啡馆、酒吧、夜总会，吸引了许多作家，如托马斯潘、沃尔特惠特曼、马克·吐温等等。

（2）位置特征

20世纪初，纽约作为美国最古老的沿海城市之一，由于其地理位置的特殊性，其文化创意产业的发展速度超过了其他城市。以服装产业为例，服装产业发展的集群程度很高，包括生产商、批发商、零售商等几大部分。纽约在发展文化创意产业的同时，注重产业结构优化，发展相关产业，极大地促进了集群的发展。产业资源共享与整合、园区内企业互动所带来的竞争力和潜力的提升都有助于园区内企业不断创新。

（3）机会条件

纽约政府在早期规定，工业建筑不能改为民用，艺术家进入工厂是违法的，所以艺术家总是小心翼翼的。与此同时，政府决定实施一项计划已久的高速公路计划，这意味着要拆除大量的旧工厂，摧毁许多艺术社区。最终，一些艺术家成立了第一个社区联合组织——反公路建设联盟，在各方压力下，政府规划部停止了公路计划的实施。政府部门开始同意艺术家合法使用当地的旧工厂和仓库，和进入文化保护区。古老的工厂和储存区作为历史文化遗产受到法律的保护，许多古典和现代艺术作品在这里出售，结果，先锋艺术取代了旧工业产品。

2. 文化创意产业发展模式

纽约市是美国文化创意产业发展中营销模式较为完善的代表，纽约市重视自由市场的发展，不直接引导或干预文化创意产业。政府更加注重发展创意产业，创造良好的环境，使文化创意产业走上独特的发展之路。

美国文化创意产业的市场化程度非常高，美国创意产业的典型代表是"版权产业",甚至将版权产业作为创意产业的别称,版权产业在美国是非常具有象征意义的经济术语,其本身就具有高度的经济化与法律化。根据美国国家统计局(National Bureau of Statistics)的 NA1CS 工业编码和纽约对创意本质的理解,纽约的文化创意产业分为广播、出版、建筑、广告,电影电视、设计、音乐、视觉艺术、表演艺术等类型。

(1)政府为文化创意产业的发展提供软、硬环境

纽约文化创意产业的发展有良好的基础设施条件的支持,也获得众多艺术家、知名商业组织、慈善机构的赞助。纽约政府为文化创意产业创造了宽松的外部环境和严格的法律环境,政府从多个方面扶持创意产业发展。此外,纽约政府还向创意产业提供政策支持,以保护和规范创意产业的发展。

(2)向非营利组织提供强有力的财政资助

美国联邦政府从财政上资助非盈利组织,支持文化艺术业的发展,国家艺术基金会、国家人文基金会在这方面作出了巨大的贡献。

第二节 亚太国家创意产业发展

虽然创意产业的浪潮始于英国,但也蔓延到了亚洲国家,亚洲国家创意产业的发展轨迹与欧洲不同,特别是日本、韩国等国家创意产业发展水平较高,对亚洲其他国家创业产业的发展具有重要的参考价值,对我国探索创意产业的发展道路具有借鉴意义。

一、韩国创意产业发展

(一)韩国创意产业的发展条件

韩国创意产业起源于 1997 年亚洲金融危机,亚洲金融危机给韩国带来了沉重打击。为了摆脱危机,韩国政府于 1998 年实施了产业转型战略,并提出了"韩国设计"战略。经过多年的实施,韩国设计业创新产品蓬勃发展并取得一定成果,韩国已经拥有三星、LG 等世界知名品牌,韩国已经成功地从制造业国家转型为创新设计国家。

动漫产业是韩国发展较快的创意产业。韩国动画产值居世界第三位。它是数字游戏产业科技发展的补充，在国内外得到了广泛的认可，并在国外发达国家和地区得以推广。

韩国创意产业的发展得益于政府在政策制定、法律法规、园区建设、金融支持等方面所提供的良好条件。

1. 完善政策法规

1995年，韩国政府对《音像—影像法》进行修改，为游戏产业的规范化发展提供了坚强的法律后盾。

1996年，随着相关法律的实施，韩国提出国家经济发展需要通过振兴游戏产业来推动，并提出了基本计划，对相关制度、政策进行制定且不断完善，从而为顺利发展游戏产业奠定了良好的基础。在韩国针对游戏产业而制定的一系列政策中，税收优惠政策是最为重要的政策，游戏企业的税收得到了政府的大幅度优惠。

1998年，韩国总统金大中和英国首相布莱尔一起发表《21世纪设计时代宣言》。这个宣言的目的是告诉人们，在国际竞争中，设计变得非常重要，所以韩国要与其他国家一起合作，促进设计领域的发展。同年，韩国还建立了一个叫作"游戏产业振兴中心"的机构，以支持发展游戏软件产业，还有一个叫作"IT业振兴院"的机构，来增强数字内容和软件产业。韩国还提出了一个重要的方针，叫作"文化立国"。这意味着韩国想通过文化来塑造国家形象和提升国家实力。为了实现这个目标，他们制定了一部法律，叫作《文化产业促进法》，这个法律明确了支持文化、娱乐和内容产业的措施。他们还设立了一个叫作"文化产业基金"的机构，为新兴的文化企业提供贷款。同时，韩国还举办了第一次"产业设计振兴大会"，宣布希望在五年内成为设计领域的领先国家，这是他们的"设计产业愿景"。

到了2001年，韩国主办了"世界设计大会"，他们在这个时候投入了很多资金，建设了一个"韩国设计中心"。同时，韩国成立了文化产业振兴院，来支持动画、音乐和卡通等领域的发展。在这个时期，韩国全国经济人联合会还创立了"产业设计特别委员会"，这个委员会通过政府、企业和金融的合作，来支持设计产业的增长。

在2002年，韩国制定了一系列法律来支持创意产业的发展，其中一个重要的计划叫作《促进文化产业发展计划》。之后，他们不断地出台新的法律和完善现有的法律，以建立有利于创意产业发展的法律体系，为创意产业的发展提供了良好的法律环境。

2. 财政支持

韩国政府建立了包括产业预算、专项资金和投资组合在内的创意产业财政支持体系。在融资方面，韩国文化产业振兴院短期内筹集了大量的资金使创意产业得以蓬勃发展。韩国政府每年在玩具行业投资大量资金，并以长期低利率向玩具公司提供贷款。

（二）首尔的创意产业

1. 发展背景

（1）经济环境

根据韩国政府的说法，所谓的大众文化，是以各种外国文化产品为主导的，其与韩国传统文化相对立。与韩国传统文化相比较，许多从西方国家进口的文化产品往往带有暴力和享乐主义的倾向，强调商业和物质性显然与道德、精神世界背道而驰。韩国政府担心传统文化与民间文化之间发生剧烈冲突，于是对民间文化、外来文化进行了严格控制，文化创意产业的发展受到严重制约，1980—1990年，韩国文化产业化程度较低，之后随着韩国经济的快速发展，开始大量进口和接受国外文化产品。由于政府放松了对文化产业的控制，韩国文化产业开始蓬勃发展，政府对文化产业发展的态度发生了巨大转变。1997年爆发的亚洲金融危机对韩国创意产业的发展来说无疑是一个重要的转折点，此前韩国政府对文化产业的重视不够，尽管韩国经济已经有所改善，但主要是在制造业和现代生产性服务业方面。韩国政府提出"文化立国"战略后，开始全力支持文化产业发展。创意产业是韩国文化产业的重要组成部分，其政策和配套措施的实施在短时间内取得了显著成效，韩国创意产业实现了跨越式发展。

（2）位置特征

首尔是韩国的首都，为了提升国际形象，首尔政府对清溪河周边环境进行了生态修复和重建。此外，首尔政府规划建设绿色水轴线、"东大门设计广场"，斥巨资创建"世界设计中心"，将全世界的设计知识和信息汇集于此，将高水平的设计平台提供给设计师和设计公司，从而大大提高了城市竞争力。

2. 文化创意产业发展模式

虽然韩国自然资源匮乏，但文化产业发展较好，文化产业的发展主要由文化创意产业支撑。首尔在文化创意产业发展中采用政府主导的产业管理模式，通过完善产业管理，设立文化产业局、文化产业振兴委员会、文化产业振兴研究院来推动文化创意产业发展。在文化创意产业发展中，从政策规划到专项扶持，再到文化产业功能区的不断调整和整合，采取高度统一的政府管理模式，使每一步都取得了可观的成果。这体现了韩国政府发展文化创意产业的决心及其对文化创意产业的重视。

二、日本创意产业发展

（一）日本创意产业的主流

日本被誉为"动漫王国"，是世界上最大的动画生产国和出口国。世界上60%以上的动画来自日本，欧洲的动漫超过80%都源自日本。日本的街道上到处都是各种各样的卡通人物（图2-2-1），日本动漫电影及相关产品在美国的销量是日本对美国出口钢铁的四倍。大型动漫产业占日本GDP的10%以上，超过汽车产业，成为日本第二大支柱产业。

图2-2-1 日本街头动漫文化

新时期创意产业发展理论研究

在日本众多漫画大师的艰辛努力下，日本动漫市场逐渐兴起与繁荣，日本动漫产业快速扩张、发展。动漫产业价值的提升使其成为日本创意产业的主流。

（二）东京的创意产业

1. 发展背景

（1）经济环境

日本文化创意产业发展较早，文化创意产业法律制定得较早，现在日本文化创意产业进入快速发展阶段。1948年初，日本有4000家出版社；1956年，日本开始出版周刊，日本新闻界出现"杂志热"。自20世纪60年代，日本经济迅速发展，创造了举世瞩目的经济奇迹。日本各地的发展都是采取自治模式，根据自身的特点建设和发展创意产业和创意城市，这是东京文化创意产业发展的主要特征之一。

（2）区位优势

由于特殊的地理位置，东京聚集了大量以数字经济为核心的创意产业，东京的道路交通网络、通信网络、科技信息、信息技术、通信技术、定位技术发达，地理位置优越，人口众多，人才水平高，是日本文化、艺术和经济产业发展的殿堂，这些都为东京创意产业的发展奠定了良好的基础，提供了优越的环境。

（3）机遇条件

随着日本经济的快速发展，日本开始探索地方和民族文化的建设之路，大力发展民族文化产业。日本企业和公众积极参与文化产业的建设。独具特色的创意产业在此背景下逐渐成熟，稳步发展，彰显出强大的生命力和无限的活力。

2. 文化创意产业发展模式

日本文化创意产业是以市场为导向，以东京为中心，辐射整个日本，并成为信息、创意和技术的集散地。日本文化创意产业中，行业随市场需求的变化而调整。大企业掌控行业话语权，政府为行业发展保驾护航。日本动漫产业在国际上具有很强的渗透力，其发展成功的一大因素是采用 Media Mix 战略，即跨越多种媒介平台，以多种媒介载体推出文化创意产品。当一部凭借某种媒介载体推出的作品成功地经受住市场的考验，积累了一定的人气，凝聚了可观的粉丝群体之后，迅速对其进行跨平台、跨媒体改编，围绕着它的知识产权（Intellectual Property）

开发出一系列产品。在此过程中，政府出台各种法律、制度为文化创意产业的发展保驾护航。日本政府颁发的与文化创意相关且非常有影响力的法律文件的数量超过亚洲很多其他国家。

三、澳大利亚创意产业发展

澳大利亚是一个移民国家，人口少，曾为英属殖民地，长期以来高度依赖英国。特殊的自然环境和政治背景导致了早期澳大利亚居民文化水平低。澳大利亚联邦政府在20世纪70年代对此进行了反思，认识到了文化发展的重要性，并开始发展文化产业。20世纪90年代，澳大利亚进入了文化产业发展的新阶段，联邦政府对文化产业进行了重新定位，决定摒弃传统的文化发展模式，强调文化对国家经济发展和创新发展的作用，澳大利亚制定的文化产业相关政策充分体现了其对文化创新和创意的高度重视。

从澳大利亚创意产业的子行业来看，大部分子产业创意产品的出口趋势与整个创意产业的出口趋势一致（图2-2-2）。2011年，设计行业创意产品的出口达到顶峰，占澳大利亚创意产品出口总额的52.51%。随后澳大利亚创意产品的总出口额下降，表演和工艺两个行业的创意产品出口额明显减少，占比较少，如图2-2-3所示。

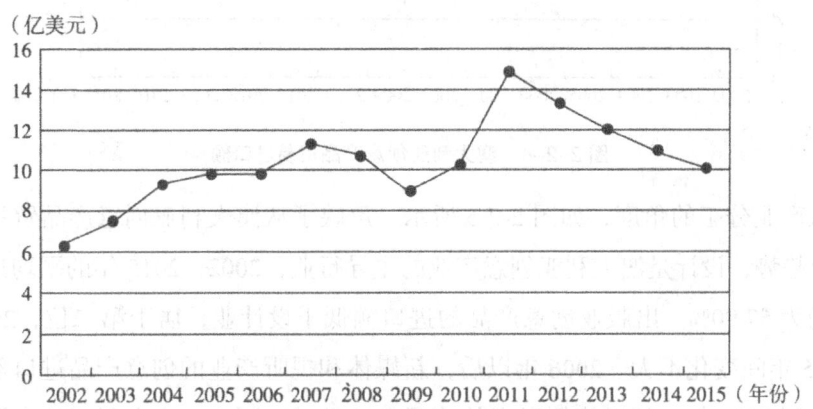

图2-2-2 澳大利亚创意产品贸易出口额

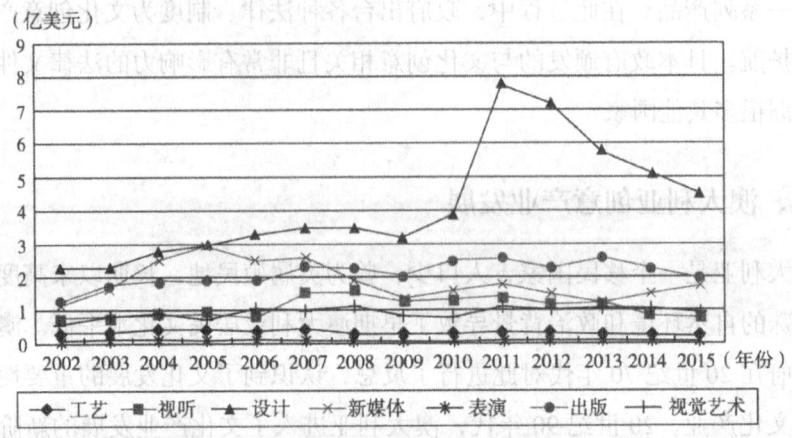

图 2-2-3 澳大利亚细分创意产品贸易出口额

澳大利亚创意产品的国际竞争力从该国的贸易进口额中充分体现出来，如图 2-2-4 所示。

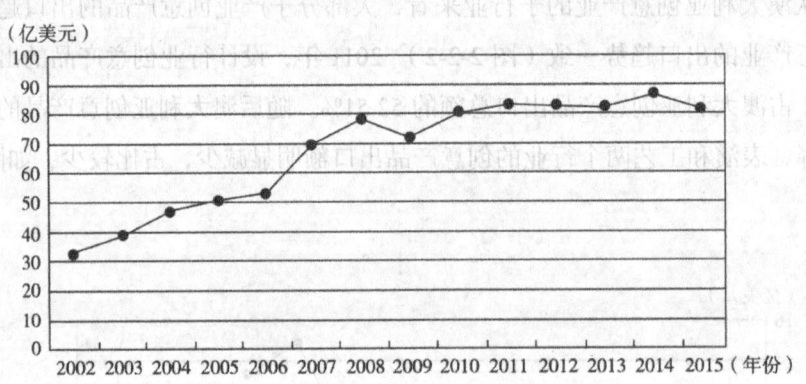

图 2-2-4 澳大利亚创意产品贸易进口额

从产业分工的角度，如图 2-2-5 所示，反映了从澳大利亚创意产品贸易进口的发展趋势，设计是澳大利亚创意产业的主导行业，2002—2015 年的平均进口额占比约为 57.90%。出版业创意产品的进口额低于设计业，居于第二位，2002 年至 2015 年间变化不大。2006 年以后，新媒体和视听产业的创意产品进口额大幅增加，到 2014 年，新媒体创意产品的进口超过了出版业。澳大利亚的表演、视觉艺术和工艺三个行业的创意产品进口额在创意产品进口总额中所占比例很小，同期平均进口额分别为 1.80%、3.51% 和 6.10%。

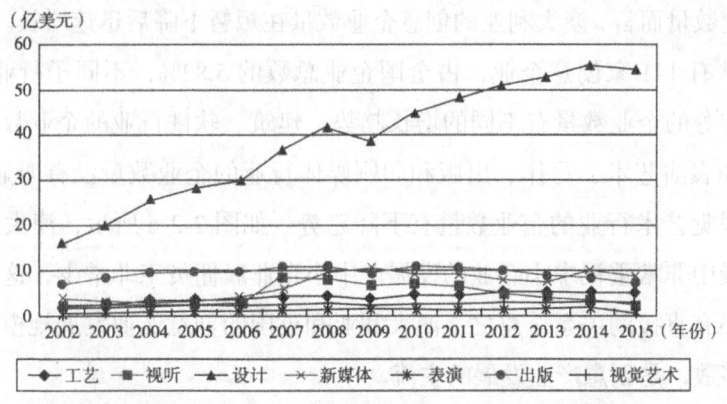

图 2-2-5　2002—2015 年澳大利亚细分创意产品贸易进口额[①]

澳大利亚创意产品的进出口额增长表明该国创意产业的国际竞争力日益提升，这离不开政府对创意产业的扶持。澳大利亚政府主要从以下几个方面推动创意产业的发展。

第一，制定了一系列政策措施，出台多项政府文件。

第二，培养复合型创新人才。在澳大利亚创意产业发展初期，政府部门与相关高校或机构合作，培养了大批复合型创新人才。

第三，通过建立创意工作室和孵化基地，支持多个行业中中小企业的发展。

第四，政府在许多领域加强知识产权保护，以保护澳大利亚的创意产业。

在政府的大力支持下，2004—2006 年，澳大利亚创意产业发展迅速，创意产业增加值从 2004 年的 34 亿澳元增加到 2006 年的 36.9 亿澳元。但之后不断下降，到 2011 年下降到 32.7 亿澳元（表 2-2-1）。具体来看，2011 年建筑、广告市场、设计与视觉艺术、电影电视与广播、音乐与表演艺术的增加值分别占到澳大利亚创意产业增加值的 10.25%、2.36%、5.94%、13.52%、1.71%。

表 2-2-1　澳大利亚创意产业增加值

年份	2004	2005	2006	2007	2008	2009	2010	2011
创意产业增加值（亿澳元）	34.0	35.1	36.9	36.8	33.7	33.6	32.8	32.7
澳大利亚 GDP（亿澳元）	612.9	693.3	747.2	853.4	1005.0	926.3	1141.3	1388.1
占比（%）	5.54	5.07	4.94	4.31	3.35	3.63	2.87	2.35

---

① 王慧敏，曹祎遐等. 文化创意产业发展的理论与实践探索[M]. 上海：上海社会科学院出版社，2018

就企业数量而言,澳大利亚的创意企业数量在短暂下降后迅速增长。2011年,澳大利亚共有141家创意企业,占全国企业总数的5.82%,不同子行业如广告、建筑、旅游等的企业数量有不同的增长趋势。建筑、软件行业的企业数量增长明显。音乐和表演艺术、写作、出版和印刷媒体行业的企业数量没有明显的变化,而设计、视觉艺术行业的企业数量有下降趋势。如图2-2-6所示,澳大利亚在创意产业发展中非常重视中小企业的发展。中小企业雇佣员工非常少,这与企业规模本身就小有直接的关系。总之,澳大利亚和英国的创意产业发展规模相似,中小企业占多数,是创意产业发展的主流。

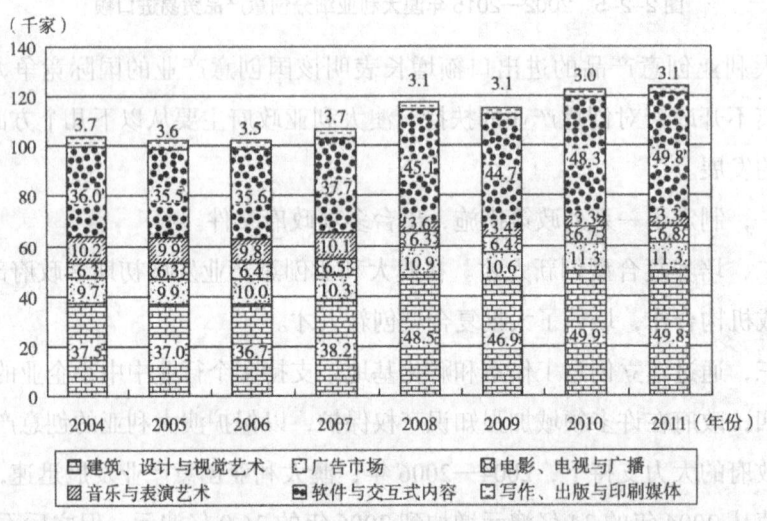

图2-2-6 澳大利亚创意企业数量

综上所述,澳大利亚创意产业的发展有效改善了国家经济结构,有效促进了澳大利亚的经济增长,同时,澳大利亚创意产业的壮大为社会创造了诸多的就业机会,缓解了社会就业压力。

第三章 创意产业园区区域协同与空间集聚

创意产业作为一种非传统经济形态,摆脱了自然资源和客体资源带来的资源约束,创意产业集聚在产业发展中发挥了巨大的作用,文化创意产业的持续发展与文化创意产业集聚区的发展相关联。创意产业集聚区作为文化创意产业的主要载体之一,是在产业竞争、产业成本、产品创新的基础上产生的,创意产业园区不断发展完善,并且带动着区域经济水平快速提高。在创意产业园区蓬勃发展的同时,学者对于创意产业园区如何实现区域协同发展的探讨也很激烈。本章重点分析创意产业园区区域协同与空间集聚的相关理论与问题。

第一节 创意产业园区概述

一、创意产业园区的概念

创意产业园,又称创意产业集群,起源于一般产业园的概念,国内外学者及相关部门对创意产业园的概念进行了界定。

英国国家科学基金(NESTA)对创业产业园区概念的解释是从产业群落的角度出发的,集中于特定区位园区,是早期阶段小型创意企业在区位分布上的一个显著特征,一个特定的区位园区内相邻的创意企业都有很高的相似性,大量的商业化机会都出现在园区内,相似的创意企业抓住市场机会,从专业化出发共同打造创意产业群落。

世界知识产权组织(WIPO)从优化资源的角度提出了创意产业园区的概念,指出创意产业(技术、电影、音乐、出版、互动软件、设计等)的资源高度集中,创造力很强，创意产品的生产、服务水平都很高，创意产业园区的形成促进了创意产业的发展。

从创意阶层的角度来看，Florida（2006）将创意产业园视为一个以招聘自然科学、工程、建筑等专业人才来创造新想法、新技术的产业群体。

《北京市文化创意产业集聚区认定和管理办法》（2007）规定，创意产业园区是指一批文化创意企业聚集在具有一定规模的区域内。该区域有专门服务机构和相关公共服务平台，并提供相应的基础设施和公共服务。

基于以上观点，结合国内外有关创意产业集群和创意产业园区的讨论，这里这样定义创意产业园区：数量较多、联系密切的创意企业和相关组织集聚于经过开发和改造的旧城区内，以城区的基础设施资源和公共服务为依托，围绕原创设计聚合成创意产业链。可见，创意产业园区是具有特色化、规模化、多元化、生态化的创意产业链。

值得注意的是，创意产业集群和创意产业园的概念在性质上略有不同。从产业结构来看，创意产业集群是上游企业集群，创意产业园强调不同产业之间的分工与合作及经营的多样性，创意产业园区的特征与创意产业集聚的现状和趋势相适应，因此我们常说创意产业园区，而不是创意产业集聚区。

二、创意产业园区的特点

创意产业园区的特点有别于传统产业园和高科技产业园的特点，总结如下：

（一）高度的创造力

创意是创意产业发展的根本要求。文化创意和科技创意是创意产业园区的主要特征。创意产业特别容易聚集在有创意和创新的地方。创造性活动是由人、情境和环境因素的相互作用产生的；创造性行为的产生通常以隐性知识为依据，伴随松散的联系。创意阶层进行关于创造力的互动与社交，主要渠道是非正式网络。创意产业的空间集聚为创意行为的可持续发展提供了良好的创新环境。

（二）地域性

创意产业的空间集聚具有较强的区位选择特征和较低的物质资源需求。通常集中在具有深厚历史文化底蕴的"3T型"（技术、人才和包容）地区。城市文化的多样性、环境的包容性、科技的创新性是创意产业园形成和发展的社会环境基础。"本土品质"吸引创意人才入驻。同时，创意产业园拥有其产出的集体知识产权。创意产业园产权保护的区域性标志对创意产品具有典型的正外部性，阻碍了其他区域类似创意产品的进入，从而保证了本地创意产业的独特性。

（三）功能整合的特点

创意产业园通常占地面积较小，但它整合了生活区、孵化区和工业区等功能区，为有创意的教育、表演、娱乐、研发提供专门场所。创意群体集生活、工作、文化产品生产和消费于一体，具有多元、宽松的创意环境和独特的地方文化特色，与世界各地有着密切的联系。同时，创意产业园的展示和营销功能决定了其全天向公众开放。

三、创意产业园区的形成和发展条件

创意产业的发展需要相关企业的合作，产业集群的特殊优势为创意企业的发展提供了有利条件。创意产业中的大量中小企业集聚在一起可以形成规模经济，地理位置相近可以降低交易成本，实现资源共享，促进区域产业链的延伸，实现经济协同创新的目标。美国哈佛商学院著名的战略管理学家迈克尔·波特将园区描述为"钻石"结构，并认为其发展取决于生产要素、市场需求、企业战略、企业竞争力及工业支持等相关因素。创意产业园的形成更依赖于创新人才。美国经济学家理查德·弗里达在《创意经济》一书中提出了"技术、人才和包容"的"3T"原理，强调人才的重要性。创意产业园是知识密集型文化资源产业，其发展依赖于区域集聚，具有一定的环境要求。现从以下几个方面分析创意产业园的形成与发展条件。

（一）创意需求

消费者对创意产品和服务的需求是创意产业发展的动力。大量的创意产品和服务需求为不同创意企业共享资源和信息提供了机遇，从而刺激创意产品和服务的有效供给，促进创意产业的发展。

例如，上海田子坊创意产业园是在市场的作用下形成的，田子坊创意产业的发展具有鲜明的市场特征。田子坊的酒吧和其他娱乐产业的形成与发展主要满足了国内外两个市场的需求。

(二)创意资本

从创意生产模式来看,创意产业园的形成有赖于文化资本、人力资本、金融资本等资源的集聚。文化是强大的区域资源,丰富的历史文化资源是区域创意产品开发的源泉。

与传统产业园区不同,创意产业园区依赖于创新人才的集聚。创新产品和服务的开发者必须具有优秀的创新素养。同时,为了实现创新产品的市场价值,需要大量的创新人才来满足行业整体发展的需要。

金融资本在创意产业园的形成和发展中发挥着重要作用。通过开辟多元的投融资渠道和提供充足的资金支持,吸引创意企业集中在特定的区域空间。创意产业是一个新兴产业,其产值近年来增长迅速。2014年,上海文化创意产业增加值增长12%,政府有关部门不断吸引资金进入创意产业园,为优化创意产业结构提供资金支持。

(三)支撑产业

创意产业园的发展与现代服务业的发展息息相关,关联产业为创意产业的发展提供重要保障。发展创意产业集群中的相关产业和支撑产业,形成完整的创意产业支撑体系,加快产业融合和合作创新,提高创意产业园的综合竞争力,如作为软件开发的领军企业,长宁天山软件园在电子信息服务领域迅速扩张,提升了自身的竞争力。

创意产业的发展离不开互联网等高新技术的应用。信息技术已成为创意产业发展的有效载体和手段,依托信息技术优化创意产品的制造和营销模式,不断推动产业创新。商业模式、服务模式的创新成为创意产业园形成和发展的加速器,如上海浦东张江科技园已形成集成电路、生物医药等于一体的战略性新兴产业区,园区重点发展软件、数字出版、网络游戏、影视等子行业,吸引了大量创意企业,其中数字出版企业的数量最多。创意产业园区不断提升服务质量,为集聚于此的创意企业提供了良好的发展环境。

(四)创新环境

创意产业园的建设有赖于良好的制度环境和区域创新环境。创意产业的发展还需要政府的引导和软硬件环境的支持,因此要不断完善基础设施,健全交通网络，优化软件环境，发展通讯技术，建设文化活动中心、剧院、剧场等公共基础设施。此外，创意产业园的建设和发展还需要政府的政策支持和财政支持。

创意产业集群的发展离不开政府相关政策的引导与扶持，政府采用宏观调控手段支持和引导产业发展，建立公平公正的市场监督体系。特别是完善知识产权保护体系，这对创意产业发展尤为重要，良好的制度环境促进了创意产业园的形成和发展。

作为一个知识密集型园区，创意产业园对创新环境提出了更高的要求，创意的产生和使用依赖于创意人才之间的信息交流和共享，创意人才通过集体学习实现对创意知识的获取与消化，尤其是隐性知识。良好的创新环境可以吸引更多的创意企业进入特定区域，创意企业很重视培养员工的合作精神、创新精神和竞争意识，鼓励创新能力强的人才积极参与产品创新，提升创意企业的创新能力。

四、创意产业园区的功能培育与完善

创意产业园是创意产业集群的雏形，根据创意产业集群发展的要求，加强和提升创意产业园的功能十分重要且必要。

（一）吸引优秀从业者

创意产业的从业人员大多是艺术家、文化工作者、设计师、工匠、自由职业者等各类人才，这些人才普遍具有创造性、独立性、流动性、工作灵活性。由于文化艺术创作通常是独立的个体活动，有时需要集体协同合作，比较自由和随意，没有太多的条条框框和制度约束，因此不同于一般的有规律、有组织的科学生产活动。基于这一特点，可以从营造舒适的环境入手，加强校企合作，注重品牌建设，吸引各类创新人才加入创意企业。

（二）搭建公共服务平台

搭建公共服务平台，就是要对文化经纪人进行专业化培养，将专专业的中介机构引进创意产业园区，依靠专业机构来展示和推广创意产品和创意服务。在文化创意产业园区内，创意要形成产业，不仅需要设计师、工艺美术师、创意策划人，还要搭建各种服务平台，特别要引进金融、投资、会计、法律、技术贸易、

商业等各类中介机构，形成技术支持和商业基础，促进园区内创意制作的产业化，使文化创意产品走向市场。

第二节 我国创意产业园区的分布

当前，全国各地都出现了众多的文化创意产业园区，它们在推动经济发展方式转变、城市功能空间拓展和区域文化软实力提升等方面发挥了重要的作用。这些园区地域分布广，数量多，类型复杂，发展水平有一定的差异。为了准确把握我国现阶段文化创意产业园区的分布状况，分别从国家层面、省际层面、城市层面、人文视域和经济视角对我国文化创意产业园区的建设数量、布局特征与发展梯度进行多层次、全方位剖析。

一、国家层面的我国创意产业园区分布

（一）我国创意产业的发展规模

为了适应全球化文化市场的竞争需要，全国各地积极发展文化创意产业。在政府、社会等多方面的努力下，我国创意产业发展速度较快，产业增加值可观，创意产业增长势头强劲，文化产业增加值在国内生产总值中的比重稳步提高，如表 3-2-1、图 3-2-1 所示。

表 3-2-1　2008—2012 年我国创业产业增加值（单位：亿元）

年份	2008	2009	2010	2011	2012
增加值	7166	8786	11052	13953	17000

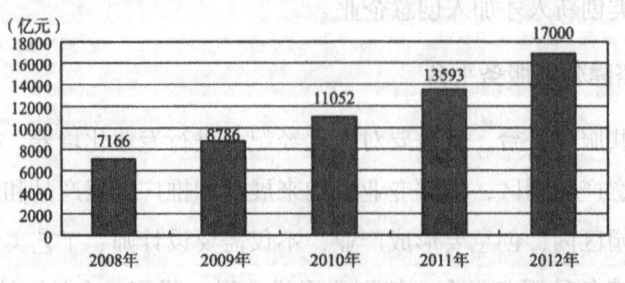

图 3-2-1　2008—2012 年我国创意产业增加值增长趋势

(二) 我国创意产业园区的发展规模

目前，我国已培育了一批具有相当规模的文化产业集群和骨干文化企业。据统计，2008—2012年原文化部命名的国家级文化产业园区实现产值从600亿元增加到三千多亿元。在此期间，全国各地文化产业园区（基地）建设速度加快，数量由2008年的592个猛增到2012年的1167个，产值由1700亿元增长到3800亿元，产值占全国GDP的比重也由0.54%增长到0.75%，表现出良好的发展势头（表3-2-2）。

表3-2-2　2008—2012年全国创意产业园区发展规模

年份	2008	2009	2010	2011	2012
园区数（个）	592				1167
园区产值（亿元）	1700	1900	2200	2600	3800
全国GDP（亿元）	314045	340903	401513	471564	508000
园区产值占比（%）	0.54	0.56	0.55	0.55	0.75

我国将文化产业列为国民经济支柱产业，文化产业在国民经济中的地位不断提高，未来文化创意产业的规模将继续扩大，文化创意产业园区也将得到进一步发展。

二、省际层面的我国文化创意产业园区地理分布

(一) 省际层面的我国创意产业园区发展数量

我国文化创意产业园区建设起步于20世纪90年代，到2012年上半年，全国各类文化创意产业基地、园区建设数量达到1167个，其中，多数位于经济发展较快地区，在全国1167个文化创意产业园区中，东部省市区852个，占总数的70%；中部省份186个，占15%，西部178个，占总数的15%。2008—2012年各省（区、市）创意产业园区数量如表3-2-3所示。到2015年，地方创业产业园区达到2570个。2017年，园区的数量有所减少，全国各地有2506个园区正常运作。

表 3-2-3　2008—2012 年各省（区、市）创意产业园区数量

省（区、市）	2008 年	2009 年	2010 年	2011 年	2012 年
广东	67	70	75	81	118
上海	75	75	77	84	108
江苏	60	64	70	77	91
浙江	55	60	65	69	88
山东	45	47	50	55	84
北京	50	55	58	63	69
安徽	35	38	43	49	61
河南	15	17	20	24	49
福建	26	30	35	39	48
河北	21	25	28	32	41
湖南	17	20	25	28	41
湖北	9	13	15	17	35
四川	6	8	10	13	35
陕西	7	9	12	14	32
天津	14	15	22	28	31
辽宁	8	11	14	18	30
山西	11	13	15	17	23
贵州	6	8	9	11	22
云南	8	9	13	15	21
内蒙古	5	7	8	10	20

（续表）

省（区、市）	2008年	2009年	2010年	2011年	2012年
吉林	7	9	13	16	19
江西	7	9	11	14	18
广西	7	8	9	10	18
重庆	5	7	9	11	18
海南	6	7	8	11	14
黑龙江	4	6	7	10	11
新疆	2	3	3	4	6
甘肃	2	2	3	3	5
香港	3	3	4	4	5
西藏	1	1	1	1	3
台湾	1	1	1	1	2
澳门	1	1	1	1	1
合计	586	651	734	830	1167

（二）省际层面的我国创意产业园区发展梯度

从近些年我国各省（区、市）创意产业园区的数量变化情况看，创意产业园区建设速度与经济发展水平有较高的重合度，明显地表现为东部地区强、中西部地区较弱的态势。根据园区数量分布情况，我国文化创意产业园区发展可分为三个梯队，园区数量多的为第一梯队，包括广东、上海、江苏、浙江、山东、北京、安徽七省市；园区数量次之的为第二梯队，包括河南、福建、河北、湖南、湖北、四川、陕西、天津、辽宁九省市；其余十六个省（区、市）园区数量少，列为第三梯队。这一特征表明我国文化创意产业园区总体发展水平不高。

新时期创意产业发展理论研究

三、城市层面的我国创意产业园区地理分布

（一）城市层面的我国创意产业园区发展数量

为了进一步推动我国文化产业向规模化、集聚化和专业化方向发展，加快文化产业集聚区建设，2004—2012年原文化部先后命名了西安曲江新区、华侨城集团公司、张江文化产业园区、长沙天心文化产业园区等八家国家级文化产业示范园区。此外，全国还建有各类国家级文化产业示范园区和基地。通过规划引导、政策扶持、典型示范，培育出一批具有相当规模的文化产业集群和骨干文化企业，带动全国文化产业快速发展。近年来，我国国家级园区聚集的各类文化企业数量不断增加，文化产业从业人员数量非常庞大，园区内文化企业总收入持续增加，创意产业园区逐步成为地区经济的重要支撑和我国文化产业的重要载体。

（二）部分城市创意产业园区发展概要

近年来，全国各地文化创意产业迅速崛起，文化创意产业园区建设步伐加快。各地依托各自的人才、资源、区位优势，吸引创意企业形成集聚发展的态势，积极推动文化创意产业的发展，涌现出了一批发展基础好、特色鲜明的文化创意产业园区。下面简要分析北京、上海、杭州的创意产业园区发展概况。

1. 北京市

北京市文化创意产业的发展起步较早。2006年，北京市出台内地首个文化创意产业分类标准，主要包括文艺演出、广播影视、艺术品交易等九个大类。2007年，北京市政府颁布了《北京市"十一五"期间文化创意产业发展规划》，提出了35个文化创意集聚区建设目标。目前，北京市已通过认定挂牌的代表性文化创意产业园区有：北京798艺术区、中关村创意产业基地、"艺术8"、北京DRC创意产业基地等（表3-2-4），其中北京798艺术区、中关村创意产业基地、"艺术8"被评为2013年度中国文化创意产业最受关注的园区，北京国家音乐产业基地示范园区被评为2013年度中国文化创意产业最具特色的园区。这些园区汇集了近万家文化企业，收入和税收以及创造的就业机会都非常可观，并呈现出向周边辐射的态势，从主城区拓展到了16个区县，吸引了一大批龙头企业相继入驻。

表 3-2-4　北京市主要创意产业园区

园区名称	地理位置	区位优势	产业定位
北京 798 艺术区	朝阳区大山子地区	环境优雅，交通便利	文化艺术业、文化传媒业、设计咨询业、知识产权服务
北京 DRC 工业设计创意产业基地	中关村德胜科技园	科研单位及高等院校聚集地	工业设计、软件设计、色彩设计、环境设计、平面设计、动漫研发制作
中关村创意产业先导基地	海淀区中关村	全国智力资源最密集区、创意文化设施完善	软件、游戏、动漫、音乐、出版
中国（怀柔）影视基地	怀柔区	影视公司聚集地，形成了集聚效应	影视文化产业发展基本承载体的影视基地

2. 上海市

上海是我国创意产业发展迅速、总体实力强、产业形态较为成熟的城市之一，已建立了一批具有很高知名度的创意产业园区，聚集了一批具有创造力的创意人才。上海市级文化创意产业园区（基地）主要包括国家数字出版基地、中国（上海）网络视听产业基地、上海国际工业设计中心、上海动漫衍生产业园、环东华时尚创意产业集聚区等，这些园区采用集群化发展模式，园区呈现从规模扩张向质量提升的发展态势。园区服务也从一般房屋租赁、产品展示、人才培训、宣传推广等方面，逐步转向帮助企业孵化、参与企业发展、培育龙头企业、提供投融资服务、完善特色产业链、打造园区特色等与园区企业共同成长的新领域。上海市主要文化创意产业园区如表 3-2-5 所示。

表 3-2-5　上海市主要创意产业园区

园区名称	地址	产业定位
田子坊	泰康路 210 弄	视觉艺术、工艺美术等
8 号桥	建国中路 8 号	建筑设计、影业制作等
张江文创产业基地	张江路 69 号	动漫产业、影视制作等

(续表)

园区名称	地址	产业定位
2577创意大院	龙华路2577号	广告设计、传媒等
尚街LOFT	嘉善路508号	时尚生活、时尚设计等
环统计设计创意集聚区	同济大学周边2.6平方公里核心区域内	工业设计、建筑设计等
设计工厂	虹漕南路9号	创意设计、办公等
文定生活	文定路204号	建筑设计、规划设计等
西岸创意园	徐虹中路20号	工业设计、软件设计等
D1国际创意空间	天钥桥路909-915号	建筑艺术、广告设计等
数娱大厦	番禺路1028号	动漫艺术、影视制作等
虹桥软件园	虹桥路333号	时尚设计、展示发布等
汇丰创意园	喜泰路239号	文化传媒、广告设计、产品设计等
SVA越界	田林路140号	文化传媒、电脑软件等
乐山软件园	乐山路33号	工业设计等
X2创意空间	茶陵北路20号	工业设计、建筑设计等
新十钢（红坊）	淮海徐路570号	创意设计、办公等
上海时尚园	天山路1718号	建筑设计、规划设计等
映巷创意工厂	定西路727号	工业设计、软件设计等
湖丝栈	万航渡路2453号	建筑艺术、广告设计等
时尚品牌会所	天山路641号	动漫艺术、影视制作等

（续表）

园区名称	地址	产业定位
创邑河	江苏北路125号	时尚设计、展示发布等
创邑源	仙霞路295弄、297弄	文化传媒、广告设计、产品设计等
周家桥	武夷路351号	文化传媒、电脑软件等
天山软件园	沙泾路10号	工业设计等
华联创意广场	广灵四路116号	工业设计、建筑设计等
原弓艺术仓库	花园路171号	创意设计、办公等
聚为园	通州路69号	建筑设计、规划设计等
1933老场坊	西江湾路500号	工业设计、软件设计等
智慧桥	东江湾路188号	建筑艺术、广告设计等
花园坊	大连路1053号	动漫艺术、影视制作等
建桥69	北宝兴路355号	时尚设计、展示发布等
绿地阳光园	邯郸路173号	文化传媒、广告设计、产品设计等
空间188	周家嘴路1010号	文化传媒、电脑软件等
新兴港	仙霞路290弄	工业设计等
彩虹雨	武夷路351号	建筑设计、规划设计等
优族173	沙泾路12号	工业设计、软件设计等
通利源	常德路90号	建筑艺术、广告设计等
物华园	物华路73号	动漫艺术、影视制作等

（续表）

园区名称	地址	产业定位
东纺谷	平凉路988号	艺术设计、纺织技术等
铭大创意广场	长阳路2467号	工艺品设计及创意等
海上海	大连路920号	生态居、创意LOFT、创意商业街
汇星广场（上海国际设计交流中心）	长阳路1080号	工业设计、建筑设计、环境艺术、视觉设计、信息技术等
昂立设计创意园	四平路1188号	工业设计、建筑设计等
创意联盟	平凉路1055号	创意设计、办公等
建筑设计工场	赤峰路63号	建筑设计、规划设计等
中环滨江128	翔殷路128号	工业设计、软件设计等
现代产业园	昌平路68号	建筑艺术、广告设计等
传媒文化园	昌平路1000号	动漫艺术、影视制作等
800秀	常德路800号	时尚设计、展示发布等
汇智创意园	余姚路288号	文化传媒、广告设计、产品设计等
3乐空间	淮安路735号	文化传媒、电脑软件等
98创意园	延平路98号	工业设计等
同乐坊	余姚路66号	影视制作、广告设计等
创意仓库	光复路181号	建筑设计、环境艺术等
新慧谷	沪太路799号	影视制作、展览展示、数字媒体等
工业设计园	共和新路3201号	工业设计、产品研发等

（续表）

园区名称	地址	产业定位
名仕街	洛川中路 1158 号	动漫设计、广告设计、摄影美术等
合金工场	灵石路 695 号	工业设计、多媒体制作、软件开发等
老四行仓库	光复路 1 号	高端服务外包
孔雀园	南山路 99 号	动漫广告、软件开发等
江南智造	局门路沿线	创意设计、商务办公等
卓维 700	黄陂南路 700 号	现代艺术等
智造局	蒙自路 169 号	动漫设计、美术设计等
M50	莫干山路 50 号	影视制作、策划设计
天地软件园	中江路 879 弄	服装、建筑、艺术设计等
创邑金沙谷	真北路 1150 号	文化传媒、研发设计、咨询策划等
E 仓	宜昌路 751 号	建筑环境设计、平面媒体设计、展会咨询等
景源时尚创意园	长寿路 652 号	艺术设计、工艺品制作等
南苏河	南苏州路 1305 号	总部型创意产业、艺术展示等
旅游纪念品设计大厦	河南南路 33 号	影视制作、游戏动漫设计等
上海滩创意园	南外滩区域	现代艺术等
鑫灵创意园	峨山路 613 号	影视制作等
西郊鑫桥	虹许路 731 号	艺术设计、广告咨询、服装设计、建筑设计、家具设计等
智慧金沙 3131	金沙江路 3131 号	电子商务、艺术设计、广告咨询、建筑设计等

（续表）

园区名称	地址	产业定位
泰晤士小镇	松江新北路900弄682号	文化传媒、情景会展、咨询策划等
上海动漫衍生产业园	大场镇上大路668号	动漫衍生产业链

3. 杭州市

杭州市2007年提出建设"全国文化创意产业中心"的目标，并于2009年5月颁布实施《杭州市文化创意产业发展规划（2009—2015）》，将文化创意产业分为11个门类，30个大类，81个中类和145个小类行业，主要包括信息服务业、动漫游戏业、现代传媒业、教育培训业、文化会展业等行业。目前，杭州市较为成熟的文化创意产业园区有十多家，其中重点建设的有西湖创意谷、之江文化创意园、杭州创新创业新天地、西溪创意产业园等（表3-2-6）。

表3-2-6 杭州市主要创意产业园区

名称	地址	产业定位
LOFT49	杭银路49号	工业设计、品牌设计、广告策划、商业摄影等
A8艺术公社	八丈井西路28号	工业设计、品牌设计、广告策划、商业摄影等
西湖创意谷"开元198"	上城区安定路126号	产业设计、信息软件、文化艺术、时尚消费、咨询策划等
之江文化创意园	西湖区转塘街道	艺术设计、动漫游戏、特色文化旅游
唐尚433	余杭塘路433号	国家数字娱乐产业示范基地
杭州数字娱乐产业园	文三路	休闲旅游、文学艺术
西溪创意园	西溪湿地公园	动画原创及制作、网络游戏自主研发、动漫游戏衍生产品开发等
国家动画产业基地	滨江区江南大道	艺术设计、动漫开发等
服饰设计师创意中心	武林路	依托武林路女装街，打造设计师创意联动基地

四、人文视域下的我国创意产业园区地理分布

(一) 人文视域下的我国创意产业园区总体布局

根据中国文化创意产业网提供的数据，结合中国的行政区域划分，2011年15个文化区的文化创意产业园区数量与类型分布如表3-2-7所示。从园区数量分布看，经济发展较快的吴越文化区、燕赵文化区、岭南文化区三个文化区的创意产业园区数量均超过100个，其中位于安徽、江苏、浙江三地淮河流域的吴越文化区的文化创意产业园区数量最多。从园区类型分布看，各个文化区域均以产业型和混合型为主，而休闲艺术型、娱乐型和地方特色型园区较少，在一定层面上反映出各地在建设文化创意产业园区过程中对经济效益的考虑较多，对当地历史文化传承、特色产业培育等考虑较少。

表 3-2-7 人文视域的创意产业园区类型与数量分布

人文区域	省/市/区	园区总数	产业型	混合型	艺术型	休闲娱乐型	地方特色型
燕赵文化区	河北、北京、天津	122	68	40	2	9	3
东北文化区	黑龙江、吉林、辽宁	45	19	19	0	5	2
黄土高原文化区	陕西、甘肃、宁夏、山西	40	20	15	1	2	2
中原文化区	河南	22	15	4	0	2	1
齐鲁文化区	山东	54	47	6	1	0	0
淮河流域/吴越文化区	安徽、江苏、浙江	276	82	174	9	7	4
巴蜀文化区	四川、重庆	24	10	11	0	1	2
荆湘文化区	湖北、湖南	43	24	15	0	2	2
鄱阳文化区	江西	13	13	0	0	0	0
闽台文化区	福建、台湾	40	37	3	0	0	0

（续表）

人文区域	省/市/区	园区总数	产业型	混合型	艺术型	休闲娱乐型	地方特色型
岭南文化区	广东、广西东南部、海南、香港、澳门	107	46	49	2	5	5
云贵高原文化区	云南、贵州、广西大部	26	9	9	2	0	6
内蒙古文化区	内蒙古	10	2	8	0	0	0
北疆/南疆文化区	新疆	4	2	0	0	1	1
青藏高原文化区	青海、西藏	7	2	4	0	0	1

（二）人文视域下的我国创意产业园区发展概况

1. 燕赵文化区

燕赵文化是燕赵地区产生的地方文化，燕赵文化是平原文化、农业文化。燕赵文化区囊括的地方有燕赵文化发祥地的河北、首都北京以及与北京邻近的天津。北京是许多朝代的都城，是今日中国的首都和中央直辖市。天津是四大直辖市之一，京津冀三地有自己独特的文化特色，但很多文化创意园区并没有在国内外产生很大的影响力，王朝文化资源没有得到很好的开发，已经建成的文化创意产业园没有充分利用地方丰富而有特色的舞蹈、戏曲等文化资源，艺术特色淡化，地域色彩不浓。因此，在未来的发展中，燕赵文化区应充分利用当地丰富的民族文化资源和农业文化资源，发展特色文化艺术产业，建设一大批综合性文化产业园区（基地），在中国培育一批知名度高、规模大、竞争力强的文化产业园区。

2. 东北文化区

从地理位置上看，东北文化区包含大兴安岭、长白山、辽阔的东北平原。东北文化区地理位置偏远，受自然环境的限制，东北文化区整体发展水平不高，另外，黑龙江、吉林、辽宁等重工业集聚区重点发展基础产业，对文化产业不太重视，文化创意产业园区的数量很少，其中工业园区和混合园区占八成以上，艺术园区寥寥无几。东北文化虽然主要是汉族文化，但由于历史和地理的原因，东北文化也融合了满族文化，因此，东北地区可以利用地方文化资源，特别是满族独特的文化资源开发具有地方特色、少数民族特色的艺术或文化创意产业园。

3. 黄土高原文化区

黄石高原文化区包括四个省区，分别是山西、陕西、宁夏和甘肃，它们的共同特征是地处黄河流域。黄土高原是中华民族文明的摇篮，这里有大量的文物古迹，如秦始皇陵兵马俑、敦煌莫高窟、陕西省黄陵县"轩辕黄帝陵"等。黄土高原文化区的创新产业园以混合型为主，但对当地历史文化资源进行深入开发发展创意产业的园区只有少数几个。

4. 中原文化区

中原文化区主要指历史悠久的河南省。这是夏王朝开始的地方。洛阳、开封、安阳占据了河南省七大古都中的三个，现有文化创意产业园中，开封宋都古城文化产业园、洛阳汉魏古城文化旅游产业园和安阳殷商文化产业园在创建中充分利用了当地的历史文化资源。少林寺、太极拳文化也为产业园区的创建提供了重要资源。

5. 岭南文化区

岭南文化区包括粤、桂东南、海南、港澳，被誉为中国古代海上丝绸之路的发祥地、民主革命的发祥地和改革开放的先导地，蕴藏着丰富的当代文化资源。这些资源为岭南文化区挖掘传统文学的精髓、发展文化创意产业提供了独特的基础条件。

岭南文化区社会氛围开放，很少受传统价值观的制约，因此该地区文化创意产业得到了快速发展。

6. 青藏高原文化区

青藏高原文化区包括西藏自治区和青海省。由于受经济发展水平的影响，区域文化创意产业发展相对滞后。青藏高原文化区中创意产业园区的典型代表——拉萨西藏生态文化园以西藏音乐厅、艺术宫、艺术博物馆等为主体而形成，具有明显的综合性。

青海省贵南县文化创意产业园充分利用了当地的藏绣艺术，基于地方优势资源而发展起来的创意产业园区取得良好的成果。青藏高原文化区拥有佛教、民间史诗、书法、绘画等独特的文化资源，也有布达拉宫等独特的建筑，这些都为建设文化创意产业园区,推动创意产业发展,将创意产品传播到海外提供了良好的资源条件。

五、经济视角下的我国创意产业园区地理分布

(一)经济视角下的我国创意产业集群总体布局

中国地域范围广,各地的资源禀赋、产业发展的基础条件存在差异,为了充分利用地方资源优势,促进区域经济发展,20世纪90年代末起,中国政府先后批复了珠江三角洲、长江三角洲、天津滨海新区、东北经济区、关中—天水经济区、成渝经济区、鄱阳湖生态经济区、中原经济区等十多个经济区,在中央相关政策的大力扶持下,珠三角、长三角和京津冀地区得以率先发展,成为中国经济最发达的地区,并继续扮演着中国经济"领头羊"和体制改革探索者的角色。进入21世纪,中国经济发展的环境和条件发生了诸多重大转变,面临着严重的需求不振、产业结构失衡、资源短缺、环境污染、高失业率等问题。为了摆脱传统的不平衡、不协调、不可持续、粗放式的经济增长模式,加快经济结构优化调整,实现经济中心转移,中国大力发展文化创意产业,六大文化创意产业园区集群及地理分布如表3-2-8所示。

表 3-2-8　中国六大创意产业集群分布

集群区域	覆盖城市	主要园区
首都文化创意产业集群	北京	798艺术区 中关村创意产业基地 宋庄集聚区 怀柔影视基地等
长三角文化创意产业集群	上海	8号桥 M50 同乐坊 田子坊 绿地阳光园 汇丰等
	南京	南京1912 南京高新动漫 南京石城现代艺术创意园等

（续表）

集群区域	覆盖城市	主要园区
长三角文化创意产业集群	杭州	LOFT49 国家动画产业基地 西湖创意谷 之江文化创意园等
	合肥	合肥音谷文化创意创业园 合肥国家高级动漫和服务外包基地等
	苏州	苏州意库创意产业园 创意泵站 苏州工业园区国际科技园等
珠三角文化创意产业集群	广州	天河网游动漫产业基地 从化动漫产业园 文德路"文化一条街"等
	深圳	罗湖创意文化广场 蛇口创意文化产业园 F518创意产业园等
滇海文化创意产业集群	昆明	西山现代传媒集聚区 "昆明LOFT"主题社区等
	大理	国际影视文化产学研究地 大理天龙八部影视城
	丽江	印象丽江剧场 丽江束河影视基地
川陕文化创意产业集群	西安	橡树街区数字内容产业聚集区 水晶岛创意产业孵化基地
	成都	画意村 青城山美术馆群 浓园国际艺术村等
	重庆	视美动漫教学研发基地 海王星科技大厦 大足石刻影视基地等
中部文化创意产业集群	长沙	金鹰影视文化城 国家动漫产业基地 湖南创意产业园等

（二）经济视角下的我国创意产业园区发展概况

下面主要分析中国六大创意产业集群中前四大产业集群的发展概况。

1. 首都文化创意产业集群

首都文化创意产业集群以北京为核心，涵盖京津冀部分城市，该地区有相近的文化背景、相连的地域人缘、深厚的文化底蕴、丰富的科教资源和创意人才资源，加之北京是全国政治、文化中心，使该地区文化创意产业发展不仅快速而且强势。目前，首都文化创意产业集聚发展呈现出从北京城区向周边16个区县辐射的态势，已形成中轴线和两翼文化发展的新布局。但是，首都文化创意产业集群发展过程中还存在如下问题：

（1）发展模式单一，集聚区功能定位不统一。

（2）政府服务与区内企业发展需求脱节，政策效应不明显。

（3）园区特色不明显。

（4）缺乏高水平创意人才。

（5）园区内企业协作不够、产业联盟不健全。

2. 长三角文化创意产业集群

长三角地区包括上海、江苏、浙江和安徽三省一市，涵盖30个城市，该区域是中国经济综合实力最强、最富生机活力和发展潜力的地区之一，在中国经济社会发展中占据极其重要的战略地位。

近年来，长三角各地充分利用当地优越的地理位置、良好的基础设施、发达的科教资源和日趋完善的投资环境，加快文化创意产业发展，形成了以上海为核心，南京、杭州、合肥为副中心的长三角文化创意产业集群，取得了重要发展成效（表3-2-9）。

表3-2-9　长三角主要城市创意产业集聚区发展情况

城市	主要创意产业集聚区	主要发展行业
上海	M50、8号桥、张江文化科技创意产业基地、滨江创意产业园	艺术、各类设计、动漫、高新技术产业
杭州	LOFT49、动画产业园、数字娱乐产业园	艺术、动漫、游戏、电子商务

（续表）

城市	主要创意产业集聚区	主要发展行业
南京	世界之窗、晨光创意产业园、金城科技创意产业园、珠江路数字文化创意园	动漫、游戏、广告
合肥	合肥音谷文化创意产业园、合肥国家级动漫和服务外包基地、合肥"世界之窗"科技创意产业园	听觉、动漫、外包服务、创意设计
苏州	创意产业园	动漫、游戏、工业设计、软件
无锡	蠡园开发区创意产业园、国际数码娱乐产业中心	动漫、影视
宁波	国家（宁波）动漫研究中心	动漫

近年来，长三角文化创意产业群的发展走在了中国创意产业的前列，理性思考发现该地区文化创意产业集聚发展也存在一定的问题，主要表现为：政府、企业、社会对创意产业认识不清，政策执行效果不佳，缺乏相关配套政策和措施保障，园区定位不准，产业集聚效应不明显，创意产品缺乏竞争力等。就长三角地区文化创意产业集聚发展存在的问题，可以采取下列两类政策措施：

第一，支持性政策，包括投资、人才、技术和融资等方面的政策。

第二，保护性政策，包括知识产权保护、进出口产品市场预警机制等政策。

在具体政策制定中，要考虑适应范围，区分国际性标准、地区性标准或企业特别标准。

3. 珠三角文化创意产业集群

珠三角文化创意产业集群以广州、深圳两市为主，辐射西南、华南和中南地区。

广州背靠"亚洲创意中心"（香港），其文化创意产业发育较早，网络游戏、动漫、手机游戏和与游戏相关的产业发展较快。目前，广州已形成了文化娱乐市场、书报刊市场、音像制品市场和文物字画、工艺美术品市场等具有相当规模、品种齐全的文化市场，已建成天河国家网游动漫产业基地、滨水创意产业带、从化动漫产业园等34个文化创意产业园区（基地）。

深圳市以平面设计、影视制作、动漫设计、印刷传媒、文化旅游为重点，不断提升文化创意产业园区和基地建设水平,建成了深圳的大芬村、田面设计之都创意产业园、世纪工艺品文化广场、怡景国家动漫画产业基地、汉玉立体艺术创意园等文化创意产业园区。深圳市现有文化创意产业园区和基地的经营主体以企业为主,民营企业已成为深圳市文化创意产业园区和基地建设的主导力量。

目前,珠三角城市群文化创意分工尚处于初级阶段。因此,要借助当地发达的制造业,利用经济协作区的丰富资源和广阔市场空间,加强文化创意产业与制造业、服务业等其他产业的融合,在产品研发、制造与营销推广过程中,融入文化创意元素,加强与文化产品制造业和文化服务业的联动,形成以研发、会展、推介为主要特色的综合型产业园。

4. 滇海文化创意产业集群

滇海文化创意产业集群区以昆明、大理、丽江三市为主。

昆明市拥有创库、海埂、麻园、翠湖等艺术区,聚集着昆明90%以上的当代艺术家、手工艺创意人才和艺术展览空间,依托这些资源,昆明市政府提出扶持高新技术园区的政策和管理办法,建成引领全市文化产业发展的示范基地,采取贷款贴息、匹配资金、房租补贴、资本金投入等多种方式,重点扶持广播影视业、"古滇文化"等文化创意产业发展。

大理是青铜文化和稻作文明的发源地,是元、明、清各时期文化的交汇地,它被称为"亚洲文化十字路口的古都"、南方丝绸之路的枢纽。近年来,大理借助丰富的历史文化、浓郁的民族风情、独有的自然风光,突出大理旅游资源、生态保护、民族工艺品制作等重点,大力发展影视、演出、会展、论坛、服装、时尚等文化创意产业,重点打造海西特色休闲文化产业带、海东商务会所康体文化产业带,以及时尚文化消费区、民族文化展示区、生态休闲旅游区、民族工艺品生产区等五大文化创意产业集聚区。目前,已初步形成了"五朵金花、妙香佛国、风花雪月、天龙八部"的大理文化品牌,旅游读物、画册、歌舞、纪念品等一批高质量的旅游文化产品应运而生,推动了当地文化产业的发展。

丽江民族文化资源和自然旅游资源具有得天独厚的优势,当地依托这些独具特色的资源来发展创意产业,逐渐形成了"丽江现象"及"丽江模式",令世人瞩目。

第三节 创意产业园区区域协同发展

一、创意产业园区区域协同的基本方式

集体学习是创意产业园区区域协同的基本方式。创意产业园区区域合作是一个复杂、动态、开放的区域学习系统。有效的集体创意活动为创意企业提供了新的发展契机。在创意产业园区集群发展中，要通过集体学习加强合作，提升创意产业园区的竞争力，在集体学习过程中，参与者之间进行物质和能量的交流，创意在个体之间相互流动。大量的知识和信息通过集体学习的形式被各个创意企业吸收，创意企业之间又依托网络集体学习、相互合作，提升集体的竞争力（图3-3-1）。

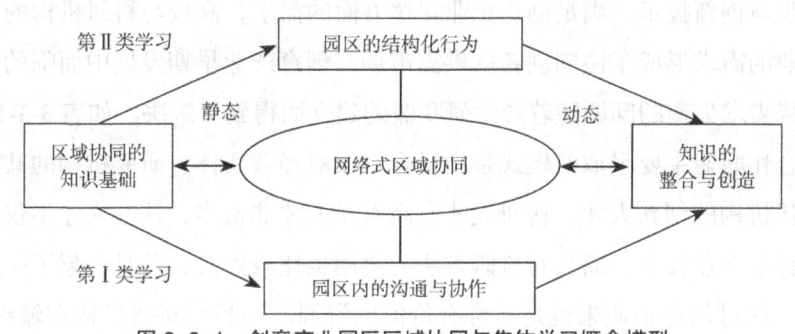

图 3-3-1　创意产业园区区域协同与集体学习概念模型

二、创意产业园区区域协同的实现路径

（一）产学研合作联盟

基于创意园而形成的产学研合作联盟是创意园区区域合作的有效途径。产学研合作的主体包括科研机构、高校和创意企业，这些主体的战略目标不同，但形成合作联盟后，共同承担风险和分享利益，三方利用自己的优势创意资源展开交流与合作，取长补短，营造了宽松愉悦的合作氛围。产学研合作联盟是一种网络式联盟，具有松散化特征，其要点在于既有分工，又有协作，优势互补，共同创新。

在该联盟中，最重要的创新主体是创意企业，其从经济市场收集反馈信息，依据市场反馈进行创意产品的设计与研发，从而满足市场消费者的需求。创意企业在产品研发中又会得到高校与科研机构的协助，科研机构与高校发挥自身的科技优势和资源优势，为创意产业发展助力（图3-3-2）。

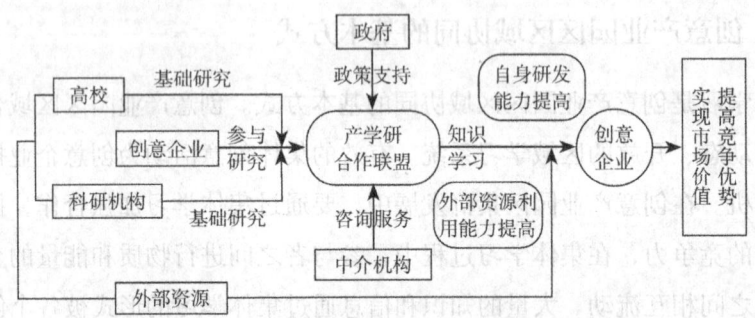

图3-3-2　创意产业园区区域产学研合作创新概念模型

创意企业对创意知识、创新技术的需求量很大，而科研机构和大学能够提供创意知识与创新技术，满足创意企业在这方面的需求，高校与科研机构的供给与创意企业的需求形成了协同创新的供需市场。创意产业早期发展中面临的创意供给与市场需求失衡的问题随着产学研联盟的建立而得到了解决。如表3-3-1所示，产学研合作联盟主要采取的模式是项目合作及对经营实体、研究机构的共建。高校与科研机构的创新人才、科研人才、高素质人才非常多，这些人才不仅知识丰富，掌握了专业技术，而且对科研方法的运用也比较熟练，并且积累了一定的创新经验，这对创意企业来说是非常有价值的资源。高校与科研机构在输出知识、技术和人才的同时，也可以从创意企业那获得研发资金、配套设施，从而利用政府政策手段、企业经济手段进行教育与研发。可见，在产学研合作联盟模式下，创意企业、高校、科研机构是互惠互利的。

表3-3-1　创意产业园区区域产学研合作联盟模式

创意产业园区区域产学研合作联盟		
基于项目的产学研联盟	共建研究机构	共建经营实体
·项目委托开发 ·项目合作开发	·共建创意经济研究中心 ·共建创意设计中心 ·共建技术开发中心	·技术入股形式经营实体 ·整体入股形式经营实体

产学研合作创新的核心是知识生产。知识生产具有较强的外部性，缺乏有效的吸收，这将削弱创新主体的创新主动性和创新主体的人文意识，知识产权创新是内化知识生产外部性的最有效途径，决定了产学研合作的组织结构和过程。专利权、设计权等无形资产是知识产权的载体，依附于创造成果。知识产权保护是创意产业发展的关键。一般来说，工业园区的技术转让可以是一次性的，也可以是有偿的，在技术转让和许可的过程中，创意产业出现了"多用途"的现象。由于创造性知识产权可以分为若干不同的权利，在不同形式和不同类型的商业开发中使用，产生了各种各样的创造性产品。例如，《中国著作权法》明确规定了13项权利，如发行权、复制权、表演权、网络信息展示权、版权保护权等，最终形成了不同的产品市场。

基于以上分析，产学研合作是一个复杂的多主体合作创新的过程，需要国家和地区宏观经济政策的指导，否则可能存在零和博弈。个人利益的提升将影响群体利益，要解决这一问题，必须实现创意资本的个性化，即明确创意资本的产权与增值属性，具体来说，要对创意主体、创意成果之间的产权分割比例予以明确，这样才能使各方面的利益得到保障，实现利益均衡，为各个主体的创新提供根本动力。知识产权所有者、使用者的权利、责任、利益关系能通过明晰创意产权而予以明确，如果创意产权未得到明晰，那么相关主体的利益就会受损。同时，根据"科斯第三定理"，产权明晰有助于降低联盟的交易成本，促进难以编码的隐性知识流动，提高区域创意经济的绩效（图3-3-3）。

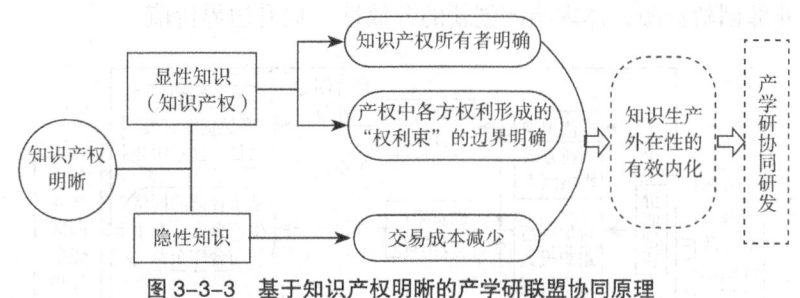

图 3-3-3　基于知识产权明晰的产学研联盟协同原理

（二）开放式创新体系

与组织协调度低的封闭式创新相比，开放式创新打破了纵向一体化，实现了创意园区内外部资源的优化整合。推动创意园区与生产环境的动态匹配和合作研发，加强内部开发创新、内部资源优化与利用，并促进内外关系的协调。

处于起步阶段的创意企业在创新发展中呈现出封闭性特征，对创意产品的设计与制造基本都是独立完成的，在推广与销售创意产品时主要采用简单的内部市场化手段，而创意企业创新的线性推进过程主要是由中央研究机构所控制的。在传统创新模式下，创意企业还不具备高超的产品研发能力，导致产品单一、陈旧，无法使不断增长和多元化的市场需求得到满足。创意产业逐渐呈现出市场需求多元、产品更新快、产品流动性强等特征，为了适应创意产业市场的新特征，创意企业开始改革传统发展模式，突破封闭式创新局面，逐渐从外部寻求资源支持和其他支持，并将创意设计、产品研发作为自己的创新点，而对于自己没有能力做好的环节，则外包给其他专门的企业去做，从而形成了不同企业间的良性互动与协作。例如，苹果公司主要集中资源和精力去研发和设计电子产品，而外包给其他企业去做生产制造，这样电子产品从生产到走向市场的周期就缩短了，而且企业收益的增速也提高了。再如，水木动画股份有限公司主要负责对动漫形象的高端设计，而外包给其他公司去生产和销售动漫产品，这样就大大提高了动漫产业的发展效率。

创意产业园开放创新的核心是基于组织间创新资源流动与共享的价值创新，这是内外部创新相互作用的结果（图3-3-4），开放创新体系不仅包括开放价值的创造，还包括初始价值的确定和最终价值的获取，充分利用自然资源创造价值，在此基础上确定价值创新模式。以信息技术为基础的大型组织模式能够有效整合园区内外部创新资源，体现园区创新的开放性，提升边界价值。

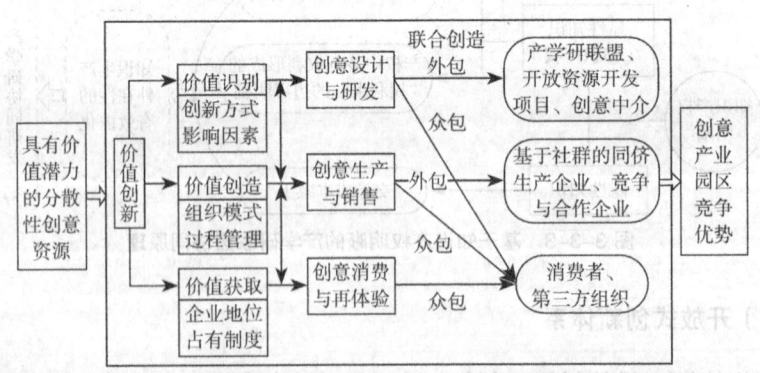

图3-3-4　创意产业园区区域开放式创新体系协同实现路径

创意产品与服务的设计与研发、生产与销售以及消费与体验贯穿于创意产业园区开放式创新的全过程，企业对内部创新与外部创新模式的选择由这些环节所决定。当前，中国越来越多的创意企业采用两种具有代表性的组织模式来实现外部创新，分别是"外包"和"众包"。其中"外包"模式的运用极为普遍。创意企业在创意设计与研发中，引进外来创新人员参与其中，或者直接引进中介机构，或将某个环节外包给更专业的企业，而创意企业主要专注于自己的核心业务，这样不同的企业充分发挥自己的优势来共同打造优质的创意产品与服务，提升创意产品与服务的质量。现在，越来越多的创意企业注重开发核心业务和加强资源整合，同时，在专业研发、生产、销售机构的帮助下，搭建自己的创意设计研究平台。借助研发平台引导消费者参与创意设计。创意企业有效利用市场对创新信息的反馈作用，促进创意成果的创新。

（三）创意领先战略

区域主体在创意产业园区中的角色和作用是异质的，组织之间的关系也是异质的。创意领先战略是指创意产业园区在追求资源优化和企业投资、产出与回报均衡的同时，发挥市场竞争优势，营造良好的区域环境，引导区域创意经济协调发展，进一步获得国家的大力支持，满足市场的多元需求，在整个区域发挥示范作用。

创意产业是比较特殊的产业，它的特点在于需求多元、受众广泛以及快速传播，这些特征决定了创意领先战略的内容主要由两个部分构成，分别是产品领先战略和区域品牌战略。

创意产业园区设计和实施产品领先战略，主要从两个方面考虑，一是创意产品的成本领先，二是创意产品和服务的品质领先，二者密切联系。在领先战略的实施中，创意企业为了提升自己的竞争力和经济效益，一方面控制成本，另一方面开发差异化产品，也就是个性化和特色化产品，而这都离不开创新。发展良好的创意产业园区，为实施产品领先战略和区域品牌战略，投入大量的资源，并不断扩大市场效应和规模效应，这引得其他园区争相效仿（图3-3-5）。

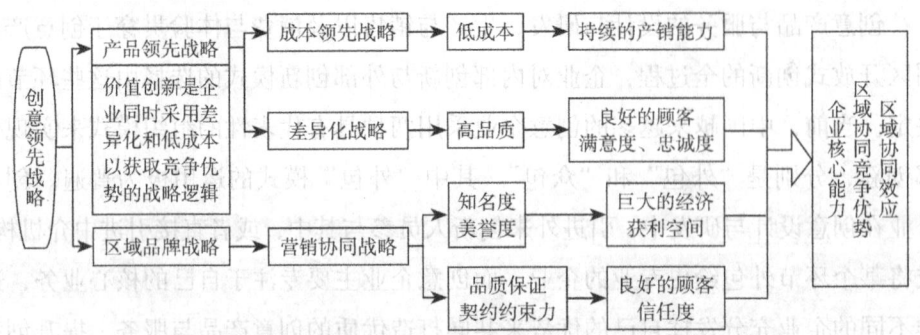

图 3-3-5 基于创意领先战略的创意产业园区区域协同实现路径

创意产品的开发中投入了大量的技术资源、人才资源、资金资源，这些资源条件是龙头创意园区发展成为"领头羊"的重要条件。龙头园区不仅研发条件好，设备先进，拓展能力强，而且集聚了大量优秀的专业人才。龙头园区在创意领先战略的实施中，不断扩大规模经济，强调集体学习，与关联产业相互联系，提升生产创造能力，从而获得了持久发展的动力源泉，形成了较为完善的运行机制与价值链。走在创意前沿的龙头创意产业园区所创造的创意成果是创意产业市场中创意品牌的代表，具有可靠的品质保障，深得消费者的认可。

第四节 创意产业空间集聚

一、创意产业集聚的基本内涵

产业集聚理论最早出现在19世纪末英国经济学家阿尔弗雷德·马歇尔的《经济学原理》中。马歇尔试图用合作集聚来解释企业的外部经济效益，产业集聚主要是指某一地区同一产业或不同类型相关产业的集聚。为了形成合作互补，促使产业降低生产成本，商业从分散走向集中，产生了全辐射的再生产效应。创意产业集聚就是创意企业、艺术家、工作室聚集在同一空间，从而降低开发成本，相互协作，形成新的模式。

二、文化创意产业集聚区的界定

文化创意产业的地理集聚是文化创意产业集聚的结果，这对研究文化创意产业集聚（或园区）具有一定的参考价值。美国经济学家德里克·韦恩提出了文化创意产业园的概念。他将文化和娱乐设施与特定的地理位置相结合，并提供各种功能，如工作、休闲和住宿。国外有关学者指出文化创意园区是空间有限的园区，地理位置明确，文化创意产业和设施高度集中，汇聚了大量相似的创意企业，创意人员可以自由工作或创作。园区内包括开放和非正式的各种娱乐场地，常常组织开展文化生产和消费活动。美国经济学家埃文斯等人（Evans et al., 2005）在阅读理论文献和经验文献的基础上，将文化创意产业园区按地理规模状态分为五个类型，分别是跨国规模、国家规模、区域规模、城市规模和邻近规模（表3-4-1）。

表3-4-1 文化创意产业地理集聚区的类型

地理规模	解释与例证
跨国规模	跨越国界的企业互动和制度合作，由促进跨国界集群发展的政策提供支持。 ·洛杉矶/温哥华（美国、加拿大）：影视生产集群 ·哥本哈根、厄勒/马尔默（丹麦、瑞典）：通信、研发、影视集群
国家规模	国家范围内的企业互动和制度合作，国家创意集群政策。 ·伦敦、曼彻斯特、布里斯托尔、格拉斯哥：媒体与电影/电视 ·澳大利亚数字内容与产业的国家发展政策 ·新加坡媒体城：国家创意产业发展的六年战略 ·中国台湾创意产业促进计划
区域规模	区域范围内企业互动和制度合作，区域创意集群/部门政策。 ·埃米莉亚罗马（意大利）、加利西亚（西班牙西北部）、北部的加莱海峡大区/巴黎（法国）：纺织/时装/纺织设备 ·日德兰（丹麦）：家具设计、制造 ·巴黎大区—巴黎（法国）：多媒体、研发 ·索菲亚—图卢兹地区、安提波利斯—蒙彼利埃（法国）：通信、研发与多媒体
城市规模	大城市范围内的企业互动与制度合作，城市创意集群或部门政策。 ·米兰、都灵、博洛尼亚、巴黎、纽约：时装 ·米兰（意大利）：家居设计 ·巴黎、加莱海峡大区（法国）：纺织 ·拜仁（德国）：慕尼黑—媒体/新媒体 ·佛罗伦萨（意大利）：艺术重建 ·新加坡：广播、电影/动画、电脑游戏、音乐、电子学习 ·奥克兰（新西兰）：数字媒体

（续表）

地理规模	解释与例证
邻近规模	在城区和特定地点范围内的企业互动和制度合作，当地或地方寄出集群或部门政策。 ·伦敦哈克尼：设计制作 ·巴黎：高科技、多媒体和设计 ·伯明翰：珠宝区；诺丁汉：蕾丝花边市场 ·米兰：时装 ·伦敦南岸：文化胜地/博物馆区；英国伯明翰；世纪广场 ·阿姆斯特丹：混合文化产业 ·提尔伯格：流行音乐 ·赫尔辛基：艺术设计城；多媒体和涉及 ·都柏林数码中心：多媒体 ·伦敦城市边缘的谢菲尔德 CIQ 园区：综合创意/文化生产区 ·巴塞罗那波布雷诺：媒体城；米兰：时装城

中国从 20 世纪 90 年代中后期开始关注文化创意产业，发展至今，对文化创意产业集聚区（园区）仍未形成规范的概念体系，文化产业园区、创意产业园区、创意产业基地、文化艺术园区等相近的概念常常令人混淆。中国对文化创意产业园区的研究明显滞后，至今尚无统一界定，我们只能从学者的著作中找到一些与文化产业集群相关的论述。国家行政学院文化政策与管理研究中心主任祁述裕教授认为文化产业集群是指在地理位置上相对集中，由具有相关性的文化企业、金融机构组成的群体。

从本质上分析，文化创意产业集群不同于文化创意产业集聚区（园区），前者是指产业布局的位置集中，后者是相对于文化产业集聚而言的，是文化创意产业集聚的空间形态，更强调依托物理空间及相关行业汇聚而成的文化创意产业链，两者有不同的发展理念。文化创意产业的集聚更能发挥"集聚效应"，形成规模效益，产生经济、社会、文化等多方面综合效益。而文化创意产业集群不利于产业链的整合与拓展，很难发挥规模效益。根据以上国内外关于文化创意产业集聚区（园区）概念的诠释，结合中国具体实情，可以发现文化创意产业集聚区（园区）是一系列文化创意的关联产业或机构在特定地域内的集聚而形成的集创意、设计、生产、交易、休闲为一体的综合区域，该区域具有鲜明的文化形象及较强的文化吸引力，能够依托区内形成的"设计—生产—销售—消费"文化创意产业链而发挥集聚效应，推动地区经济、社会、文化持续发展。

三、文化创意产业集聚区的特点

创意作为个人思想与社会文化互动的产物，一旦融入集群式的互动交流平台，便能形成集聚效应。这种效应对于聚集区中的创意企业来说，能够在后续业务发展中持续共享聚集区提供的行业基础设施、政策资源等软、硬条件，形成相对完备的产业链，从而更加高效、更为便利地将创意转化为产品和服务，产生巨大的经济效益。与传统的产业集聚区相比，文化创意产业集聚区有以下几个显著特点：

（一）产出结果的新奇性

文化创意产品是在经济与文化、技术与艺术、科学与人文的较量、冲突、碰撞与融合中产生的，是人类智慧、知识和灵感在某一特定行业的物化表现，具有智能化、高知识性的特征。文化创意产业处于技术研发和创新等产业链的高端环节，是具有较高附加值的高端新型产业。与传统的产业集聚区相比，文化创意产业集聚区除了技术与经济溢出外，还有很重要的文化溢出，其生产的产品或服务是技术、经济与文化相互交融的结果。不管这种产品或服务与技术、经济还是文化以何种方式结合，或以多大的价值权重出现，都会具有显著的新奇特征。这种新奇特征，或表现为新奇理念、新奇产品、新奇行为或新奇市场，它是文化创意产业集聚区形成的重要动力。

（二）创意氛围的独特性

文化是创意产业的主要元素和内涵所在，创新是文化创意产业集聚区发展的关键。传统产业园区中的企业创新一般强调的是技术和管理的创新，一般依靠的是各种知识、技能等专门化的显性知识，这种知识通过普通的培训、经验传授等渠道就可以学习。文化创意产业园区中的企业创新更加强调文化与创意，通常需要隐性知识，这种知识大多需要面对面的交流才能获得，因此，园区的创新氛围更显重要。传统的产业集聚区主要是进行生产经营活动的场所，在创建时更多地考虑生产经营活动的方便性和经济性。而文化创意产业集聚区既是工作场所，又是生活家园；既是文化生产的基地，又是文化消费的平台。在文化创意产业集聚区的界面构建中，要优先考虑创意氛围的营造，一个富有文化底蕴、充满活力、展现现代科技、具有新奇特征的文化景观，能让人们始终充满好奇，消费者通过参观、参与，也获得了对自身潜在的文化身份的一种追求和认同，即获得了文化效用。因此，具有人文特征的创意氛围是文化创意产业集聚区独特而重要的界面纽带。

（三）管理风格的松散性

传统的产业集群采用的是严格的标准化管理，而对于创意行为来说，文化创意产业集群强调的是多样性、松散式的独特管理，失去了多样性，文化创意产业集群就无法实现可持续发展。

（四）创意空间的开放性

传统产业集群所形成的园区一般强调的是产品研发、生产与营销等产业链的一体化，因可能涉及商业机密，通常不对民众开放；而文化创意产业聚集区的主要功能一般是产品展示与营销，因而具有公开性与公众性，可以向民众自由开放，而创意产品的制作与生产环节可以在聚集区外完成。

（五）创新网络的协同性

成功的文化创意产业集聚区有着共享的产业链，能在一个特定的区域内，以某一主导产业为核心，吸引大量的文化创意设计、生产、策划、推广、信息咨询等方面的企业和相关的中介服务机构形成空间集聚，按需构成立体的、交织的文化创意产业链。创新网络不但关注文化创意产品的生产与营销等产业链环节创新，而且更强调文化创意产品的协同创造，这种协同创造，不仅包括产业链上下游企业间的协同创造，也包括主导企业与辅助企业间的协同创造。另外，还特别重视创意产品的消费体验与公众参与，强调供应商与消费者间的协同创造，以及消费者与消费者间的协同自主创造。通过集聚区内这些单元主体间的多重协同创造，能够形成强大的集群效应和竞争优势，进而推动文化创意产业集聚区的无边界演化。因此，文化创意集聚区的协同创新是实现文化创意产业集聚区成为一个稳定的、自我进化的、高层次的创新网络系统的重要保障。

（六）地理区位的优势性

由于文化创意产业园的地理位置相对优越、规模相对较小、数量较多，因此与建立传统工业园区考虑的地理因素不同。传统工业园区在创建时，往往选在交通运输便利、劳动力价格相对低廉的地方，以降低原材料和产品的生产与运输成本。另外，考虑到节约生产成本，传统工业园区一般建在土地资源丰富、地租便宜的郊区。而文化创意产业园区企业通常占地不大，可建在文化底蕴深厚、基础设施相对完善、工作与生活便利的城市街区。

四、创意产业集聚区的科学管理

创意产业是一个综合性产业，需要在融合诸多产业的基础上重新整合，重新进行专业化分工，形成新的产业链。创意产业集聚区建设的目的，就是要形成区域创意产业链，实现集约经营，形成规模优势，提升研发生产能力和创意产业的整体实力。因而，创意产业集聚区的管理与一般企业的管理有着本质上的区别。

创意产业集聚区形成后，无论是何种业态、何种发展模式，都面临着集聚区的科学管理问题。这是自创意产业产生，尤其是集聚区出现后，组织管理实践面临的问题。对于集聚区的管理，应该在遵循管理基本理论的基础上，结合集聚区本身的特点，制定出一套适合集聚区的管理模式。

（一）创意产业集聚区内外部环境要求

区域创意产业集聚区形成后，对所处内外部环境有着特殊的要求。

1. 文化环境

文化环境应是开放与宽容、信任与合作的。

开放与宽容的文化环境，能够吸引更多的人才集聚。美国学者弗罗里达认为，这里的宽容不仅仅是指能够接受不同的人，还应该是主动拥抱差异。

企业集聚在一起，彼此的靠近使企业可以有较长时间的密切接触，有助于企业建立长期的合作关系，降低交易成本。这种信任和合作的关系对于企业尤其重要。

2. 竞争与合作环境

激烈而有序的竞争可以淘汰劣者，从而使产业集聚拥有更强的竞争力。企业彼此的接触和了解使它们之间相互影响，当地环境的一致性也使企业间的可比性和竞争性增强。后进企业更容易模仿先进企业，而先进企业为保持竞争优势会更努力地创新。

外部的条件虽然重要，但内部的联合行动更为重要。集聚区要想形成真正的竞争力，还需要联合行动，建立起友好的网络关系。这个网络关系一旦形成，就成为不可模仿的独特优势。集聚区内企业间的竞争与合作，使企业从过去的单纯竞争发展到既竞争又合作的双赢局面。

3. 高校和科研机构及专业化培训机构

高校、科研机构等在为集聚区提高创新能力、提供和吸引人才、进行专业化培训、提升地区宽容度等方面发挥着积极的作用。

高校、科研机构是区域创新系统的核心力量。知识溢出效应产生众多的科技型企业，每年培养大量的优秀人才，使集聚区获得更多人才。人才的集聚可以加剧人才竞争，优胜劣汰，从而迫使人才向专业化方向发展，促使培训机构产生。高校在为地区经济发展提供智慧的同时，还提供地区的宽容度，能够容纳各种观点、各种人才和各种非主流思想。

4. 行业协会和中介机构

集聚区内行业协会和中介机构的存在，为区域内企业合作提供了重要的基础支撑。这些机构对集聚区的发展有着深远的意义，为集聚区内企业提供各种服务，如金融服务、财务服务、法律服务、人才服务、广告以及其他专业咨询服务。

5. 区域品牌

在某一特定领域中，大量联系密切的企业以及相关机构在空间上集聚，并形成强劲、持续竞争优势的现象，从而形成产业集聚的品牌效应。区域品牌建设，是创意产业集聚区的影响因素之一，它可以使集聚区从低端制造型发展到高端创新型，为形成与强化竞争优势打好基础。

（二）创意产业集聚区的管理内容

创意产业集聚区对环境的要求，与一般企业对环境的要求不同。因而，对创意产业集聚区的管理，除了有一般企业的管理内容外，还有着自身的特点和管理内容，主要有业态管理、平台管理、人才管理等。

1. 创意产业集聚区的业态管理

国内外创意产业集聚区发展的经验证明，创意产业集聚区内业态的形成、管理是集聚区持续发展的首要环节。

为规范创意集聚区的业态，上海市政府和北京市政府曾就集聚区业态颁布了认定条件和程序，对于符合产业业态的集聚区予以授牌。

创意产业集聚区的业态管理，应当根据区域经济规划、载体的历史状况等制定相应的产业布局以及产业链各环节企业的配备，同时建设创意产业集聚区配套设施。

国外集聚区的成功主要在于它们创造了一套独特的软件系统，形成了一整套卓越的管理文化。美国斯坦福大学亚太中心以及胡佛研究所的欧文认为：美国高科技园区（硅谷）成功的要素主要有如下几点：比较完备和有利的游戏规则；制度创新；员工的高素质和高流动性；鼓励冒险和宽容失败的气氛；开放的经营环境；与研究型的高校密切结合；高质量的生活环境与生活品质；专业化的商业基础设施。这些成功要素绝大多数属于软件要素，它们对于中国建设创意产业集聚区无疑是具有借鉴意义的。

应当承认，产业集聚区内的那些"看得见、摸得着"的硬件建设往往比较容易完成，例如房屋、道路、电力、供水、绿化、电子通信网络等基础设施。而软件建设则主要指那些"看不见、摸不着，但时时刻刻都能感受到"的非物质的理念与制度系统，包括集聚区创立的基本理念、价值观以及经营方向、经营文化、经营道德、经营作风、经营模式等。它们是集聚区成功运作的灵魂所在，是集聚区赖以生存的原动力。

2. 创意产业集聚区的平台管理

在创意产业集聚区内，创意要形成产业，不仅需要设计师、工艺美术师、创意策划人，还要搭建各种服务平台，特别要引进和搭建各类金融、投资、会计、法律、技术贸易、商业等中介机构，形成技术支持和商业基础，促进集聚区内创意生产的产业化，使创意产品走向市场。上海政府已经授牌很多家创意产业集聚区，各集聚区注重公共服务平台建设，在融资服务、技术服务、研发服务等方面，为集聚区内入驻企业带来了便捷，减少了成本支出，促进了创意产品的产业化和市场化。如上海纺织研发公共服务平台、吾灵网、上海名仕街现代服装产业公共服务平台、上海动漫公共技术服务平台、上海动漫研发公共服务平台、天地软件园动漫公共服务平台、国际设计交流中心等公共服务平台。

入驻集聚区的企业需要的公共服务平台包括人才资源平台、融资平台、展示平台、知识产权维护平台和企业孵化平台等。集聚区管理者必须开发平台服务功能，创新平台服务机制，使这些公共服务平台发挥其应有的作用。

3. 创意产业集聚区的人才管理

人才管理也是创意产业集聚区软件建设的重要内容。创意产业集聚区的人才管理可以分为两个方面：一方面是管理企业内部对人才的招聘、选拔和培训，另一方面是通过搭建集聚区人力资源交流平台以满足入驻企业对人才的需求。

第五节 创意产业发展与空间结构互动

创意产业是 20 世纪 90 年代兴起的一种新兴产业，发端于文化产业和文化政策的讨论，并与新媒体和新技术有紧密的联系。创意产业包含文化、经济和新媒体等多重属性，使其在促进经济增长、增加就业机会、提升创意能力、便利城市更新和推动可持续发展等方面表现出巨大潜能。由此，培育创意产业成为世界范围内诸多城市和地区发展经济和提升竞争力的重要战略手段。这一趋势在"创意阶层"和"创意城市"等理论的推动下，更是方兴未艾。然而，对一个城市而言，创意产业的大规模发展也必然需要大规模新的城市空间与之匹配。那么，创意产业将如何影响城市空间结构，对城市决策者提出怎样的挑战是需要迫切研究的课题。

一、我国创意产业集聚区的形成规律

（一）政府主导型

上海 8 号桥创意产业集聚区是中国创意产业集聚区中非常典型的采用政府主导型模式而形成的集聚区，该集聚群的发展离不开上海市经委和人民政府的大力支持。现在，该产业区已经发展成为新兴产业汇聚中心，其中包含建筑设计、家居广告、软件、时装设计等行业。

8 号桥的形成机制是政府主导型机制，从政府对现代城市建筑予以保护的角度来看，不管是市级政府，还是区级政府，都提出依托原有建筑改造老厂房，将其作为创意产业的聚集地，但不能将原有建筑的风貌破坏。在上海市政府文化创意产业发展战略和规划的指导下，8 号桥采用市场化开发形式，同时政府提供服

务和支持。但在进行重大规划和建设方面，并不是以政府为主体，政府通过分析文化创意产业发展所需的环境和各种条件，根据大众的文化创意需求和创意人群的文化创意特点而制定文化创意产业的发展规划，并大力推动经济发展，在综合评价各方面条件的基础上探索创意产业的最佳发展模式。政府通过公开招标确定适合的投资者和发展重点，主要投资者负责规划和发展。通过规范化的营销模式，从投资管理入手，加强对各个环节的管理，最终形成了政府计划推动、企业市场化运作的良性互动机制。

（二）自发形成

北京"798"、上海田子坊是采用自发的自下而上的模式形成的文化创意产业集聚区。北京"798"原本是一个798国营工厂，位于电子工业老厂区，现已发展成为展览、艺术中心、艺术家工作室、设计公司、餐厅、酒吧等的聚集区。

（三）政府主导的自发形成并存

杭州LOFT49采用了自发形成与政府推动相结合的模式。位于杭州蓝孔雀化纤厂旧厂房的LOFT49拥有多家艺术工作室和设计公司，汇集了几百名设计师和多家创意企业，涉及工业设计、网站制作和开发、摄影、服装、绘画等创意领域。

杭州蓝孔雀化纤厂停产后，厂房对外出租。廉租房、大面积的住宅吸引了大量的设计师和艺术家，并逐步形成他们的集聚区。杭州政府相关部门工作人员到全国各地考察创意产业发展情况，并邀请各界顾问参与，在政府多次调研的基础上，对杭州蓝孔雀化纤厂进行有效改造，调整原有土地利用规划，将约4万平方米的老厂房保留下来作为艺术区，而不是作为房地产资源进行开发利用。

二、创意产业集聚区的演化

文化创意产业集聚区的发展是一个逐步演化的过程，经历了潜在、显现和发展等不同阶段，并呈现出多元化的特点。

（一）文化创意产业集聚区演化的阶段性规律

文化创意产业集群是在专业化和合作化基础上形成的独立的、相互依存的中小企业集群，这种组织结构介于纯粹的市场组织和层级组织之间，具有自身的特殊性。在这种特殊的组织结构下,企业之间长期的商业关系不局限于通过合同来维持,承诺、信任在企业之间的合作中变得非常重要。属于非正式联盟的中小企业集群在完全竞争的市场结构中具有灵活性和高效性,同时也克服了传统产业垄断市场的弊端,使中小企业形成了极大的竞争优势,而这种优势是集群外的企业所不具备的。

在文化创意产业领域,独具特色的组织形式最直观地表现是文化创意产业集群。灵活的运行机制是文化创意产业集群的一大特色,这种产业集群在发展中也形成了自己的标签与亮点,如具有强大的集聚、辐射功能和完整的产业形态等。

1. 潜在阶段

潜在阶段是中国文化创意产业集聚区演化的第一阶段,在这个阶段,我国创建了一些大型的能够代表创意产业的标志性项目,并通过兴建基础设施来推动这些项目的发展。潜在阶段主要是许多大型标志性项目的创建和文化基础设施的兴建。这个阶段采取集聚战略来发展文化创意产业,主要目的是推动城市重建,促进文化复苏、经济回暖,使大众文化消费需求得到满足。很多城市将文化设施建设作为促进经济复苏的重要手段。综观国际上早期工业发达的一些国家,当他们因为调整产业结构不当而导致经济发展停滞不前时,往往会通过加强文化设施建设来振兴经济。也有一些国家的大城市为了改变经济现状,提升经济发展速度,便围绕文化而举办节庆活动,设立文化节日,以文化拉动经济发展。我国在早期也采用了以文化促发展的举措。

2. 显现阶段

在潜在阶段,我国以兴建文化基础设施为主要任务,而当我国将战略任务调整为对文化创意产业集聚区的创建后,就说明我国创意产业集聚区已经迈入新的发展阶段,也就是第二阶段。这一阶段我国各地加强对创意艺术和创意文化的复兴,并强调文化的大众性,满足大众的文化需求。许多城市的文化创意产业集聚区已经成为新的经济增长点,以集聚区内企业加强交流和沟通,共同努力来促进创意产业集聚区的不断壮大和可持续发展。

3. 发展阶段

在显现阶段的基础上,我国深入思考文化创意产业集聚区发展的模式,积极探索多元化、特色化及数字化发展之路。这一阶段,各大城市积极建设城市文化平台，并将平台对外开放，吸收多民族文化、边缘文化，满足大众更多元的需求。各大城市在建设与安排创意产业基础设施资源方面，不仅考虑相关政策的引导，还考虑各地不同的社会经济背景和文化背景，并力求多元化的空间组合，从而使创意活动被更多的人知晓与参与，使更多的创意群体进入创意产业集聚区，进一步传播创意文化，推动创意产业发展。与此同时，信息技术的发展及其在创意产业领域的渗透有效提升了创意产业发展的数字化、信息化、科技化水平，依托信息技术创意产品也逐渐形成了全球化传播与流通模式，创意产业集聚区的发展模式更加开放、先进，功能也越来越完善。

不同领域、不同行业在文化创意产业集聚区展开合作或直接重组，共享文化资源，为各自探索新的发展模式，寻求新的有潜力、有市场的项目，并投入资金、人力、技术等资源进而推动项目的创新发展，新开发的创意产业项目具有高端性、数字化等特征。

（二）文化创意产业集聚区在我国的演化

自我国发展创意经济以来，文化创意产业集群的建设一直受到我国各大城市的广泛关注。而文化创意产业集群的建设也成为我国城市建设的重要组成部分，每个城市的文化创意产业具有不同的优势，也有不同的发展重点，城市文化创意产业集群的形成主要包括企业自发形成模式、政府规划模式两种。

1. 集聚规模

从中国主要城市的文化创意产业集聚规模看，可以将这些城市分为三类。第一类，已经形成较多的成熟规范的集聚区，集聚效果比较明显，如北京、上海等；第二类，已经形成一些集聚区，但是集聚效果不明显或有待观察；第三类，由于文化创意产业处于起步阶段，所以集聚区建设有待加强，集聚效果有待观察。

2. 集聚策略

从扶持文化创意产业集群的政策角度出发，北京出台了明确的政策法规——《北京市文化创意产业集聚区认定和管理办法》。北京市设立文化创意产业集群专项基金，投资数亿元建成文化创意产业集群基础设施。

上海出台了一系列支持文化创意产业集群建设的政策，建立了推动产业集群建设发展的运行机制，上海文化创意产业的发展离不开政府的支持，在相关政策的实施过程中，上海创意产业集聚区的发展出现了包括产业结构、就业结构、管理模式、企业形态和企业文化在内的"五大变化"，而且都是积极有利的变化。

3. 集聚区形成模式

目前，我国文化创意产业集聚区的形成有以下几种模式：

（1）校企合作型

这种运作模式是建立在高校品牌基础上的一种延伸服务，即利用高校的文化背景，整合高校资源，以统一的方式重建旧工厂。

（2）依托老厂、老建筑改造型

中国许多城市在近代都是工业城市，上海是中国近代工业的发祥地。开发与保护工业历史建筑，在旧仓库和旧建筑的改造与开发中融入新的创意元素，使这些旧建筑独树一帜，充分阐释文化内涵，拓展想象空间，发挥资源优势，推动文化创意产业的发展。

（3）依托传统布局改造型

依托传统布局，在现有产业结构的基础上建设相应的创意产业基地，是发展城市文化创意产业的必由之路。

（三）文化创意产业载体的多样化

以集聚园区作为文化创意产业载体是文化创意产业发展的一个重要范式。随着产业的不断深化发展，载体多样化趋势值得探讨和研究。

开放式的载体形式已渐渐成为创意城市的一道亮丽风景线。文化创意街区、文化创意城市等已在一线城市出现并普及，一线城市的后建筑时代已经到来。

愚园路 546 号，曾经是 20 世纪初中国著名银行家孙衡甫的旧居，后为上海计算机研究所使用至今。孙衡甫旧居中的两栋联通的小洋楼以及周围其余八栋洋楼，貌似平常却暗藏玄机。藏在弄堂里的中西合璧花园洋房，符合战乱之世许多人不愿声张露富的心理，也是上海新式里弄文化的典型代表，见证了上海的歌舞升平与灯火辉煌，也经历了红色革命、民主运动、实业救国的足迹，因而充满故事和人生况味。

上海的路，大多数都被改过名，而愚园路自命名起奇迹般地贯穿于各个时代而未曾易名。CREATER 创邑邀请如恩建筑操刀设计的创邑 SPACE 愚园，在规划期间就在思考如何在改造中尽最大努力延续城市文脉，在创新中优化建筑结构与用途，留住城市记忆。老派的砖红色墙面赋予了这个园区新的灵感，从一块红砖开始，统一园区十栋风格各异的洋房建筑，划分园区与城市环境之间的边界。红砖墙体上的开孔设计，有选择地引入视线和光线，不规则的排列，给创邑 SPACE 愚园带来了轻盈鲜活的生命力。一栋建筑特殊的气质，一片街区渊源的文明能够滋养一方人。随着城市不断发展，城市更新不仅是对物理空间的改造与修缮，抑或仅仅是产业的升级和转型，更是再生城市街区活力，激活城市文化底蕴，创造拥有人文情怀、有温度的城市空间。

无论是一栋建筑，还是一个园区，抑或一条街区型态的更新，不仅是将建筑美学赋予建筑外观，更是通过设计改造将建筑功能予以优化，让建筑在城市里焕发全新的生命力。在空间的载体里成长，在互动的氛围里交融，在跨界的体验里滋养，让彼此的成长成就城市的未来。让科技成为一种驱动力，在智能与环保中，在创新与可持续发展中，让城市充满美好。

第四章 创意产业人才培养

文化创意产业的兴起和发展对社会结构的优化起到了重要作用,创意阶层成为创意经济时代世界各国和地区新的主导阶层。创意阶层已成为人类社会经济发展的重要主体。创意阶层作为一个群体,在产业发展过程中具有自身的属性和特征,文化创意产业人力资源成为产业集群发展及提升竞争优势的"秘密武器"。本章重点对创意产业人才培养展开研究。

第一节 创意产业人才概述

一、创意产业人才的内涵

创意产业人才是综合性创新人才。我们在界定某个概念时,往往会明确相应的属性,但对创意产业人才进行界定时,如果只用单一的属性来描述这是一类什么样的人才是不合适的。我们可以这样理解创意产业人才,他们拥有丰富的创意产业专业知识和技能,创造能力很高,能够参与创意产品的原创工作或在经营管理中发挥专业优势,能够发挥自己的力量去推动文化创意产业的发展。在文化创意产业人力资源中,创意产业人才比一般的人力资源素质更高,综合能力更强,专业能力更突出。

创意产业的人才可以分为以下几类:

第一类是文化策划人或创意设计师,即创作者,特别是那些策划或设计产品或服务的人。

第二类是文化创意产品生产者,是指能够通过规划或设计将文化创意素材转化为文化创意产品或服务的人。

第三类是文化创意项目经理,是文化创意企业的管理者,他们往往是从事文化创意产品或服务营销工作的人才。

二、我国创意人才面临的问题

(一)缺乏人才

人才是创意产业发展的重要资源条件和基础保障。人才的短缺使创意产业的发展陷入被动,我国创意产业人才的短缺现象十分严重。

以创意产业中的动漫这个子行业为例,电影产业在我国已有百余年的发展历史,尽管如此,其产值至今落后于游戏动漫产业的产值,这反映了我国游戏动漫产业的发展达到一定的规模和水平。尽管如此,这一行业的发展依然存在很大的瓶颈,其中最大的瓶颈是缺少人才。国内动漫市场的作品大都来自国外,国内动漫产品的供给远远满足不了市场需求,能够设计出优秀动漫产品的人才极少,现在从业者的专业素质和综合素质也不尽如人意,有待进一步培训。

(二)人才结构不合理

从全世界创意产业的发展来看,市场规模最大、产值增长速度最快的国家当属中国。尽管我国创意产业的发展进入了新的阶段,但人才匮乏、人才结构不合理的问题依然令人担忧,这是制约我国创意产业走出国门的最大障碍之一。我国创意产业相关行业的从业者不仅数量少,而且结构缺乏合理性,存在显著的人才结构失衡问题。发展较早的创意行业,从业者接近饱和,但兴起时间较晚的行业严重缺乏人才,可见我国创意人才在各行业的分布极其不合理。

人才配置结构的不合理反映出我国创意产业各行业员工比例的不合理,行业内部人才层次安排不科学,就业比例偏低等问题。例如,上海的就业结构仍然以传统交通、建筑业等为主,而创意产业相关行业的从业者数量少,在社会就业群体中所占的比例极低,而且现有从业者的整体素质有待提高。解决人才配置结构不是一个短期问题,而是一个国家和地区的战略问题。

因为我国缺乏创意人才,所以创意作品自然很少。中国电视广告中的一些优秀创意广告很多都来自欧美国家,一些别具特色的综艺节目很多来自韩国、日本等国家,而国产原创节目的创意性不明显,对观众的吸引力不强,这是我国缺乏

新时期创意产业发展理论研究

创意人才造成的。我国还缺乏创造性管理人才，从而导致创意产品的销售和推广不断碰壁，这也制约了衍生产业的发展。在创意品牌建设方面，我国缺乏设计人才、营销人才，所以不得不从国外引进人才。

（三）创新教育不足

当前，我国高等教育在人才培养方面一味强调对知识能力、理论素养、文化素质的培养，强调对原有知识的继承，而忽视了对实践能力、创新能力的培养，忽视了在继承的基础上不断创新知识。创新教育的缺失导致大学生创新能力不高。无论是在高校还是整个教育体系中这个问题都普遍存在。在人才培养过程中，教育模式相对封闭，学生很少接触科学研究和社会实践，缺乏积极思维能力和实践创新能力。

三、我国创意人才匮乏的原因分析

第一，我国创意产业起步晚，运行模式还不成熟，短期内难以培养与挖掘高层次人才。

第二，所谓创意人才是以自主知识产权为核心的专业人才，这类人才以高级脑力劳动为主，以专业技能或特殊技能（如设计）为手段而参与相关创意工作，对这些人才的培养需要时间，不是通过简单的培训就能产生的，也不能用其他专业人员替代。

第三，我国高校虽然有设计、广告、影视、艺术等相关专业，但普遍缺乏对创意产业相关课程的开设。中国传统的教育模式以应试教育为主，不注重培养学生的思维和实践能力，企业经常抱怨员工缺乏"创造性"，这就是一味推行应试教育模式的后果。

第二节 创意产业人才的作用

一、创意人才是推动创意产业发展的根本动力

创意阶层的崛起、创意资本的投入是创意产业发展速度较快的主要原因。创意产业是新兴产业，以文化创意产品、服务的开发与流通为主，而生产文化创意

产品，需要创意人才投入"智力资本"。综观世界上历史悠久的大型企业，之所以能够持续发展，有顽强的生命力，关键在于创新和创意。这些企业不仅进行技术创新，而且不断培养与吸收创意和创新人才，从这些企业走出来的企业家大多富有创意和高端的创造力。创意产业中相关行业招聘人才尤其是研发型人才时，聘用的一般都是复合型高级人才，这些人才至少受过三级教育，这类人才在影视、音乐、软件等创意子行业中分布较多。创意人才投入智力资本，与创新技术建立内在联系，如此才能创造出创意产品。可见，创意人才是推动创意产业发展的根本动力。

二、创意人才是创意生产力的基本要素

创意产业链上的各个环节都包含不同程度的生产过程，生产贯穿于创意产业链的始终。创意产品的形态不同于普通产品的形态，创意产品的消费者也不是一般的消费者。

创意产品是精神文化产品的典型代表，其形态也是精神层面的。例如，《哈利·波特》系列书风靡全世界，《奥特曼》等动画片影响了全球几代青少年。在这些创意产品的生产中，创意人才投入了大量的智力资本，从这些产品在大脑中构思开始到最终成形、推广、销售，无不需要创意人才发挥自己的主观能动性。从消费角度来讲，大众观看动画片、阅读书籍，愉悦了精神，满足了精神需求，这是消费者高层次的需求。创意人才构成了创意产业中最基本的生产力要素。

三、创意人才决定高端产业集群的分布

人才在文化经济时代是备受关注与重视的，各个行业都需要人才，高端产业更是如此。创意产业作为新兴产业，要与传统产业争夺市场，就必须培养一批优秀的高端人才，将培养、吸收和引进人才作为发展的重中之重。创意产业的发展趋势，如区位选择趋势、空间布局趋势等一定程度上是由人才的区位选择、区域分布所决定的。

人才有高端和普通之分，高端人才是创意产业所需要的人才。在创意人才人力资源结构中，高端人才应该占据绝对的比例。高端人才对创意产业集群的分布有决定性影响。高端人才在创意产业相关行业之间的流动对各行业发展速度、发展水平的提升起到关键作用。

四、创意人才是创意产业核心竞争力的载体

从创意产业发展中形成的系统产业链来看，产业链上各个环节都需要创意人才，如制定战略环节、策划环节、设计环节、营销环节、投融资环节、产权保护环节，等等。这些环节上都需要大量的专业人才来参与主要工作，提升整个产业链的运作效率，促进创意产业核心竞争力的提升。

创意产业是以创意为主导的知识产业。这一领域竞争的关键是人才，人才处于产业链的各个环节。创意产业的发展是为人才提供动力，创意人才不仅仅是指某一环节的人才，更是指创意产业链中每个环节所组成的人才群体。

第三节 创意产业人才培养机制

一、我国创意产业人才培养的主要任务

（一）引进高端创新人才

高端创新人才是文化创意产业发展的核心。要为我国文化创意产业提供高水平的创新创业人才，除了要培养本土人才，还要不断引进人才、鼓励留学生来华创业，并从政策上支持人才引进，对引进的高层次人才给予奖励和补贴，通过扩大人才引进渠道，消除制度障碍，提供高效便捷的人才引进服务，采取灵活多样的人才流动政策，引进各类高端人才，推动我国创意产业的发展。

（二）培养高素质文化创新人才

培养高素质的文化创新人才是文化创意产业人才培养的重中之重，培养创新人才要加强实践能力培养，完善继续教育，依托高等学校、科研院所等人才聚集的机构进行专业人才培养。加强对文化创意产业管理人员的培训，建设一批高技能人才培养示范基地，加大和加快对高端技能型人才的培养力度与速度。

（三）选拔中小企业创新人才

培养中小企业文化创新人才，建立新的人才培养机制，扩大中小企业人才选

拔的范围与渠道，加强对中小企业公共服务人才的培养，促进中小企业的快速发展。改革人才选拔和利用机制，要充分发挥市场的导向作用，建立满足市场需求的人才培养和选拔机制，加强中小企业管理人才队伍建设，努力提高中小企业的管理水平。此外，培养一批具有战略眼光、开放精神、创新管理能力、社会责任心的优秀企业家、艺术家、设计师和软件开发人员，使各类优秀人才充实到各个行业中，为创意产业的发展做出贡献。此外，还要多关注文化创客，即那些由于兴趣爱好努力把各种文化创意变为现实的人，特别要关注那些热衷于设计的艺术家、设计师。打造一批创客空间，以低廉价格出租园区空间，鼓励创客团队入驻，在孵化一个阶段后，以租金换股权，实现文化创客和创客空间的共赢。

（四）培养重点领域紧缺人才

多举措推进八大重点领域紧缺急需人才的培养，具体如下：

1. 信息服务业人才

（1）通过开展研修班、高端论坛、沙龙等活动，发现和培育一批有创新意识与发展潜力的信息服务业企业经营管理者。

（2）大力推进大学生创业实训工程，促进信息服务类高校毕业生的就业创业。

（3）举办信息服务业高端人才专场招聘会，吸引高素质信息技术人才。

（4）开展多种形式的信息技术职业技能竞赛，选拔出优秀的信息技术人才。

2. 动漫游戏业人才

（1）依托动漫游戏企业及相应的产业集聚区，吸引动漫游戏高端创意和经营管理人才创业。

（2）以院校培训、创意力量大讲堂等形式，加强对本土动漫游戏业人才的培养，培育一批优秀的编导、制作和运营管理人才。

（3）积极参加国内外各类动漫节、展、赛事，发现、挖掘一批优秀的创意、创作人才。

3. 设计服务业人才

（1）与高等院校、培训机构、设计机构等社会力量合作，构建起专业设计人才的数据库。

（2）积极鼓励和引导本土企业引进高端设计人才。

（3）以专业设计企业和各文化创意产业园为依托，挖掘一批优秀设计人才，强化专业设计人才培训。

4. 现代传媒业人才

（1）以现代传媒企业为依托，加大对新闻出版经营管理、营销策划人才团队的整合和引进力度。

（2）加大对新媒体专业人才的培养力度，促进人才"跨专业、跨媒体、跨部门"流动，加快培育一批懂技术、会经营、善管理的复合型传媒人才。

5. 艺术品业人才

（1）依托重要的艺术机构，加快培养国家级非遗传承人、工艺美术大师、艺术品鉴定师、艺术品评估师、艺术品评论家、艺术策展人与经纪人等专业人才。

（2）实施青年艺术家推广计划，收藏和推广一批青年艺术家的优秀作品，为青年艺术家提供创业的发展空间及机遇。

6. 教育培训业人才

（1）鼓励和吸引更多的社会力量投资兴办教育培训业，规范和鼓励民办培训学校发展。

（2）开展民办培训学校特色品牌项目建设，整合、扩大和优化教育培训资源，以市场为导向，全面提升培训学校的办学水平和教育质量。

7. 文化休闲旅游业人才

（1）调动有关协会团体的力量，重点围绕美食、文化演艺、运动休闲、保健行业等领域，积极开展专业人才培养工作。

（2）以旅游产品设计、营销、管理及导游等为重点，不断提高行业从业人员自身素质和职业技能水平，努力实现人才建设工作新突破。

8. 文化会展业人才

（1）以各项会展活动和会展企业为依托，打造会展人才高地，加大对国内外优秀文化会展人才的引进力度。

（2）加强后备人才队伍培养，提升会展专业学历教育层次，深化产学研合作，通过志愿者服务、教师挂职锻炼、学生社会实践等形式，为文化会展专业搭建更多的人才培养平台。

二、我国创意人才培养的途径

（一）构建创意人才培养体系

第一，鼓励高校根据社会需要开设创意学科类课程，加强创意创新教育，培养高学历的创意人才，并逐渐向培养高端复合型人才过渡与升级，为我国创意产业的发展提供良好的人力资源条件。

第二，采用校企合作模式来培养，为高校大学生提供进入创意企业实践的机会，使其在实习、实践中运用自己在创意学科类课程教学中掌握的知识，并深入了解社会需求，尽可能成为能够适应社会发展需要的创意人才。

第三，围绕创意产业发展的市场需求创办专门的人才培养单位或机构，加强继续教育、成人教育，为从业者提供良好的学习平台。

（二）加强创意人才培养基地建设

我国应借鉴与学习创意产业发达国家的人才培养经验，加强对创意人才培养基地的建设，加快培养一批优秀的高端创意人才、复合型人才、创新型人才。建设创意人才培养基地，将学校教育、社会培训紧密联系起来，并制定资格认证等相关政策规定，从而使创意人才培养系统更加科学而规范。

（三）拓展创意人才交流渠道

一是建立创意人才信息数据库、区域创意人才数据库、重点创意人才目录库，落实创意人才跟踪统计机制，定期发布高校人才培养信息，促进创意人才交流。

二是组织区域创意人才交流活动、创意产业论坛等活动，促进创意人才的相互了解，形成区域创意人才友好互动的社会网络，建立和谐的社会关系，促进人才与知识的有效交流。

三是帮助高层次创意人才走出去，引进国际创意人才，促进创意人才的跨区域合作，这不仅可以促进中国特色创意文化的传播，同时也促进了民族文化与创新的融合。

第五章　创意产业发展战略与路径

转型发展是我国经济社会发展的主题，随着国务院《文化产业振兴规划》的出台，文化创意产业的发展上升到国家战略层面，成为未来新的经济增长点，各地区都把文化创意产业作为振兴经济的支柱产业，加快文化创意产业的全面转型。加快推动经济、社会、文化的全面转型，成为文化创意产业发展的重要任务。创意产业是一种经济发展模式的创新，强调将新思维逻辑融入现有产业，实现价值创新、经济运行体制创新，促进产业结构优化，提高区域综合竞争力，实现经济发展方式的转变。研究创意产业的发展战略，探索创意产业的发展路径对我国经济发展具有重要意义。

第一节　创意产业发展的组织与运营

一、创意产业生产组织结构

创意产业生产组织，是人类生产组织形式发展到一定阶段的经济产物。不同生产组织的性质和形式，反映了相对应的经济发展水平和发展模式。从个体的劳动到简单协作的集体劳动，直至创意产业的社会结合性劳动的出现，无不体现出人类社会经济的快速发展。

创意产业的实践是落实在不同的生产组织中的，这些组织与传统的生产组织有着很大的差异。在组织形式、经营战略、组织文化、赢利模式等方面，有着自身的显著特点。

创意产业是由不同的生产组织集群所架构的，各生产组织在产业的不同层面发挥着不同的作用。考察创意产业链各环节的内容就会发现，创意产业由三个层面的生产组织组成，分别是原创类生产组织、运作类生产组织和延伸类生产组织（图 5-1-1）。

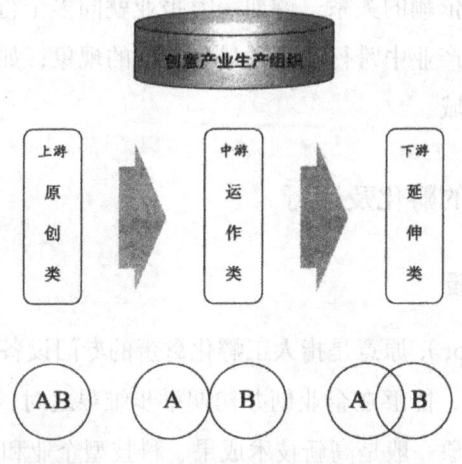

图 5-1-1　创意产业生产组织的结构

这些处于产业链不同层面的生产组织，以企业为载体，在创意产业中相辅相成，共同组成从人的创意至市场产品的产业链。由于每个层面都是由一大群同质或异质的企业组成，因而，每个创意企业都可以在这一产业结构中找到自己的位置。如出版业、动漫设计企业就是处在结构上游层面的生产组织，由众多的出版企业和动漫设计企业组成，规模有大有小，其作品产出时间较长，属于原创类生产组织；而一些影像制作、软件、电子出版、旅游等生产组织就是处在产业结构中的中游层面，承担着将原创作品进行制作和实施的任务，这些行业的投资往往也是巨大的，企业也众多；而比较起来，处于下游延伸类生产组织的企业规模要小，数量最多，且风险也小，如剧院等娱乐业。

当然，在创意产业这一组织结构中，如果再往下分，还可以细分为创意产业下同一行业同质企业、创意产业下不同行业异质企业、创意产业下跨行业交叉企业（图 5-1-2）。

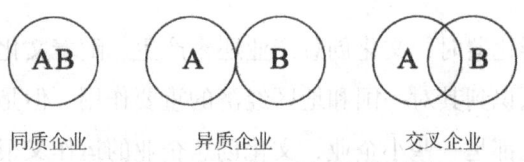

图 5-1-2　创意产业组织结构的分类

同质企业间的关系主要是竞争关系,如同处于下游层面的剧院,就是属于同质企业,它们的关系即为竞争关系;异质企业由于分属不同行业,所以,它们之间是相互联系、相互依赖的关系,譬如一家报业就同多个行业的企业发生业务关系;交叉企业是创意产业中跨行业交叉最为普遍的现象,如上海MG集团,跨电视、收音机等多个领域。

二、创意企业的孵化及运行

(一)企业孵化器

孵化器(incubator),原意是指人工孵化禽蛋的专门设备,后被引入经济领域,专指一个集中的空间,能够在企业创办初期举步维艰之时,为企业提供资金、设施等多种便利,其对象一般是高新技术成果、科技型企业和创业型企业。

企业孵化器是通过为新创办的科技型中小企业提供多层次、系列化的服务,包括孵化场地、共享设施、资金筹集、市场开拓人员培训、咨询诊断、信息网络、公共关系等,努力减少企业的创业风险,提高企业的存活率,促进科技成果转化,培养成功的企业和企业家。

(二)我国企业孵化器的现状

2006年,科技部火炬高技术产业开发中心在联合国开发计划署(UNDP)专家的帮助下,被批准在北京、苏州、重庆、成都、武汉、天津、上海、西安、广州等地设立9家国际企业孵化器,成为中国企业孵化器国际化的先行者。经过十几年的探索与实践,中国科技企业孵化器在很多方面都取得了长足的进步,包括自身建设、引进先进技术等方面,这些进步使我国孵化器的发展带动了周边国家企业孵化器的发展。我国创意企业在国际上的竞争力也有所提升。

三、孵化创意企业的必要性

当全球出现孵化器时,文化创意产业还未产生。随着文化创意产业的产生和发展,人们逐渐认识到其对一国和地区经济的重要作用。但是,文化创意产业的生产组织载体往往都是一些小企业,文化创意企业的运作又很大程度上依赖于高新技术和文化要素。因而,在全球经济因遭遇金融危机而低迷之时,文化创意产业却风靡全球，有战略眼光的各国政府和地区，纷纷在政策上给予支持，其中就有借助孵化器的功能，掀起新一轮小企业培育浪潮。

文化创意产业的发展离不开文化创意企业的蓬勃发展。虽然文化创意企业发展前景良好，但在管理、金融、政策、市场信息、法律等方面缺乏足够的资源和经验支持。文化创意企业孵化器是解决文化创意企业生存和发展的有效途径。

根据企业孵化器的概念和文化创意产业的特点，将文化创意产业孵化器视为一个真实或虚拟的空间（物质集聚）。该空间以一些建筑和设施为依托，吸引聚集一定数量新创的文化创意中小企业（现实空间）；通过整合各种创新创业资源，提供一系列文化创意企业发展所需的管理支持和网络资源（虚拟空间），促成双方或多方客户之间的交易，最终实现孵化器的价值。

四、创意企业的科学运营

创意产业生产组织的载体是众多的中小企业，因而，企业运营也成为这些中小企业成长的关键。因为孵化器的使用毕竟是外在的推动力，企业内在管理机制上还需具备科学性。

企业管理的发展蕴含着时代要素。从传统制造企业发展到智力创意企业，企业运营的内容也发生了巨大的变化。创意企业科学运营的要点和措施如下：

（一）提高管理者的综合素质

创意经济时代，一方面，高科技的不断发展，表现在网络技术不断被开发，世界因此发生了巨大的变化；另一方面，社会在长期的发展中，积淀了深厚的文化底蕴，突出了一个社会有别于其他社会的差异性，这是社会发展到何等程度都不能被扼杀的。

创意企业虽然多为中小企业，但这并不能掩盖其运作内容的高科技性和深厚的文化要素。创意企业与传统企业的巨大差异，使创意企业的管理者必须具备综合的素质。一方面，要善于全面掌握高科技的发展动向；另一方面，必须对产品开发中的文化要素进行研究，创造出独特的创意产品，满足市场和消费者的不同需求。

（二）管理者需要确立知识管理意识

知识管理就是为企业实现显性知识和隐性知识共享提供新的途径。知识管理是知识经济时代的必然要求，它已成为现代企业的主要资源，同时要求管理者必须确立知识化管理意识。

知识管理为什么成为企业的主要资源，原因有两点：

第一，知识管理与其他资源管理相比有自己的特殊之处，即知识资源可以以显性亦可以以隐性形式出现，而对于知识资源的吸取，则主要取决于管理者对员工的教育以及如何能将个人意愿和企业的命运结合起来。

第二，利用知识管理，企业可以减少决策失误，减少重复劳动，降低研究成本等。在没有知识管理的时候，决策往往不是依赖于决策所需的知识和信息，因此所作出的决策可能是不正确的。

（三）管理者要确立人文管理意识

人文管理的核心是要创造一种机制和氛围，使企业员工的创造力最大限度地发挥出来，并形成一种集体的创造力和创新能力。这种创造力和创新能力取决于企业管理者对人才资源的合理使用，通过企业文化建设使其更好地渗透到企业的每一个层面，并在企业行为的各个方面发挥作用。

创意经济中，企业只有拥有了人才，才能创造、拥有并运用知识，所以，管理者要牢牢树立"以人为本"的意识，要把人视作核心，尊重人才、培养人才、使用人才，加大对人才的投入，营造具有本公司特色的企业文化。"以人为本"的企业经营理念，在强调人在企业中的主体地位的同时，特别注重发挥人的能动作用，依靠人这一具有无限潜能、无限创造力的因素，使企业在竞争中得以生存和发展。

（四）确立创意企业的知识产权管理制度

创意企业的财富形态与以厂房、设备等为核心的传统企业迥然不同。创意（智力成果）的知识产权，才是创意产业最大的财富和最重要的竞争力。创意作为知识产权的客体，是看不见、摸不着的无形财产。机器和房屋等有形财产一般可以根据实际占有和支配状况推定权利归属，而对无形财产则不能像对有形财产一样以物质方式加以控制。创意企业的成果往往以版权、专利、商标、商业秘密以及与网络技术紧密相连的形态表现出来，所以创意一经公开，就会有版权的管理问题。在网络高度发达的社会，复制作品变得非常容易。电影还未公映，盗版现象就比比皆是。因此，作为创意企业的管理者，必须对自己的作品严格管理，必要时可上升到法律的层面。

根据创意产业知识产权的作用，创意企业在知识产权维护上，首先是获取知识产权，以法律保障创意成果；其次，运用知识产权维权和自律，既采取一定的措施保护自身，又自觉遵守规则，了解知识产权制度，以避免无意侵权。这样，产权才能明晰，交易秩序才能稳定，企业付出的智力劳动才会有合理回报。

（五）注重创意产品和服务的营销与传播

创意产品和服务要得到市场的认可，必须积极营销，广泛传播。

营销推广是创意产品价值捕捉的重要手段。从内容创意到市场交易的价值链环节中，营销专家和媒介人的作用不可忽视。营销专家和媒介人阶层懂得市场、了解市场，能够运用各种营销手段和模式，运用传媒运作的方式将创意产品推到大众面前，并实现销售。国内外经验证明，创意产品的专业策划、营销推广在创意产业价值链中具有举足轻重的地位。

第二节　创意产业发展战略的模式

一、创意产业发展的指导思想

坚持以人为本的科学发展观，紧紧围绕城市发展整体目标和建设创新型城市的要求，以技术支撑为基础、资本支撑为保障、文化支撑为依托，将创意产业作为经济社会发展的重要内容和支柱产业，提高创新能力、增强城市活力、提升综合竞争力、扩大辐射影响力，为促进经济增长方式转变，推进产业结构调整和升级，打造文化名城。通过以上各方面努力来全面解放和发展文化生产力，推动创意产业又好又快发展。

二、创意产业发展的基本原则

按照国家文化产业振兴规划的五项基本原则，我国创意产业发展和振兴的基本原则是：

第一，根据市场需求，依靠科技进步，积极开展创意产业活动。

第二，立足地方文化特色，坚持文化交流，努力促进创意产业领域的文化交流。

第三，在培养创新人才的基本条件下坚持本土文化与外部环境相结合的原则。

第四，在结构调整的基础上，坚持创意产业发展速度与质量相结合的原则。

第五，注重资源保护，坚持创意产业合理发展和资源可持续利用的原则。

三、创意产业发展战略模式选择

（一）发展中国特色创意产业

目前，我国创意产业发展模式初步形成，即以企业为主体，以市场为导向，以人为本，以文化体制改革为动力，以数字、内容为媒体，以知识产权保护为保障的中国特色发展模式。

（二）解放思想，深化创意产业体制改革

创意产业体制改革不仅涉及文化领域的重大变革，而且涉及社会发展模式、工程技术等方面的重大变革。深化创意产业体制改革要求文化事业与文化产业并重，文化事业的发展应以政府为导向，充分体现政治价值、文化价值。重视文化产业发展，加强对文化市场因素的合理配置，努力促进文化产业在市场竞争中的重组和成长，政府提出发展战略规划，制定创意产业政策法规，确定重点发展领域和项目，在政府财政支持和政策支持下，不断提高资金使用效率，加强社会资本建设，通过招投标、挂牌等方式鼓励社会参与，可以委托企业对图书馆、博物馆等公共文化服务产业进行专业管理和运营。为了发展创意产业，促进文化企业的转型，政府必须增加改革成本，并建立专项资金，专款专用。文化产业和文化事业不是相互矛盾的关系，而是相互影响、相互滋养的关系。按照产业定位和产业升级的原理，文化产业和文化事业是文化建设的两个轮子，缺一不可。

（三）对创意产业空间布局与区域结构的科学规划与优化

科学合理地实施区域"差异化"综合发展战略，合理进行创意产业空间布局。东北老工业基地以振兴经济为主，中部地区要快速崛起，提升经济地位；东部地

区要率先发展，为中西部地区起到表率作用。不同地区都要科学规划创意产业空间布局，强化分类定位，努力形成全面型文化产业体系，促进东、西、南、北优势互补。文化创意设计产业作为一个新兴的文化产业，在国际贸易市场上占据着不可忽视的地位，各地要利用资源优势而加大创意产业中设计行业的发展力度。

东部、中部和西部地区在创意产业发展方面有不同的侧重点。

东部地区经济发达，要继续加强文化产业创新，对数字化创意产品进行开发，重点发展网络、动漫游戏等创意产业，争取早日走向国际。

中部地区要完善产业政策，将市场要素的活动和功能激发出来，规范市场秩序，优先发展的创意产业包括文化旅游业、会展业和影视业。

西部地区要将充足的民族文化资源充分利用起来，将西部区域特色凸显出来，将丰富的文化资源打造成优质的文化产品，需要重点发展的创意产业是会展业、旅游业、工艺美术业，拉动消费，提高文化消费在整个区域消费中所占的比例。

（四）统一标准，建立健全法律规章制度

第一，修改我国现有的知识产权法律法规，如《著作权法》《著作权实施条例》等。修改《专利法》，实施《专利法》的具体规定，确定和保护驰名商标等，完善法律法规的内容。

第二，调整宪法、民法和其他法律法规中有关知识产权的各种法律规范，特别是有关法律法规之间的界限保持清晰一致。

第三，为创意产业制定专门的法律标准。例如，应逐步制定动画、电影、出版、印刷的专门法律法规，明确版权的范围和内容，以及处理侵权问题。

第四，与国际上的知识产权公约对接好，与国际知识产权的相关法律保持一致，如《与贸易有关的知识产权协议》《保护文学艺术作品伯尔尼公约》《世界知识产权版权条约》及《世界知识产权组织表演和录音制品条约》等。根据国际惯例和发展趋势，积极参与制定和完善国际知识产权规则。

第五，提高对文化创意产业的认知水平，完善文化创意产业的统计指标体系，规范各地区的文化产业标准，各地区、各城市要保持文化特色，发展主导产业，促进地区文化产业协同发展。

（五）坚持"走出去"战略

第一，走出去意味着文化创意产品、文化创意服务走出去。通过文化贸易出口技术、服务等创意成果，实现出口创汇，提高国际竞争力。

第二，走出去也包含文化资本走出去，即对投资、工厂和商店的建设。或与国际文化创意企业集团进行合作，开拓海外市场。

第三，文化走出去意味着要建立与WTO等一系列国际规划相适应的文化外贸体系。文化走出去实质上就是通过传播文化产品来传递中国的核心价值观，增进全世界对中国文化的理解，提高中国在世界上的声誉。

文化走出去是发展创意产业的重要途径，它不仅可以扩大文化产品和服务的全球市场份额，而且可以加深国际社会对中国文化的理解，同时也增强了中国文化的国际影响力，提升了中国的文化软实力。

第三节 创意产业发展的路径

创意产业是一个以消费为驱动力的产业，其健康发展有赖于文化市场的完善，特别是文化市场的进出口机制。推动文化企业的兼并重组，刺激文化产品的多层次市场需求，完善文化产品评价体系等，这是我国创意产业创新发展的方向。本节重点分析我国创意产业的发展路径。

一、激发文化市场活力，夯实创意产业发展基础

市场是创意产业健康发展的基础，文化市场的活力来源于市场主体，企业是市场主体，企业活力是文化市场的活力源泉，因此文化企业的活力必须得到激发。认识到文化市场主体——企业在创意产业中不可替代的作用后，我们要清楚创意产业的主体企业不同于一般产业，是以中小企业为主体的，它们是创意产业的支撑。作为创意产业的主体，中小企业是一个国家或地区创意产业发展的重要力量。区域内中小企业的发展、成长、并购重组，逐步扩大发展规模，推动了创意产业的发展。

健康的文化市场需要形成大中型企业共同发展的格局，同时也需要形成合理的产业结构和产业体系。因此，我们需要加大对创意型中小企业的资源和政策支

持力度，鼓励团队创新、人才培养创新、技术创新，并提供良好的政策环境，为中小企业蓬勃发展提供政策保障。

二、增强文化市场动力，释放创意产业改革红利

党的十八届三中全会强调，经济体制改革是社会全面改革的重点，如何进行经济体制改革，关键是要协调政府与市场的关系。通过经济体制改革，实现创意产品的自由流动，推动创意资源优化配置，形成高质量、高效率的发展模式，这是摆在我们面前的重要课题。根据市场经济规律来改革市场经济机制，可以获得长期可持续发展的回报，加快发展速度。我国创意产业发展迅速，一系列促进创意产业发展的规划、政策和决策为创意产业的发展提供了强大的外部驱动力。受市场经济体制的影响，文化创意企业要提高市场竞争力，必须在产品、技术、管理等方面进行创新，创意产业要走可持续发展的创新道路。

三、彰显文化市场魅力，营造创意产业发展氛围

从某种意义上说，创意产业具有吸引力，文化具有感染力和育人功能、情感功能、社会功能。在体验经济时代，发挥文化的功能有助于促进文化消费市场的拓展，展现文化市场的魅力，营造良好文化氛围，促进文化市场的发展和完善，推动创意文化的传承与创新，提高公众对创意文化的关注度，推动创意产业的发展。创意产业发展的市场基础是大众消费，创意文化氛围的培育首先依赖于大众消费的自然积累，可以通过提供多样化的文化产品、服务来实现这种积累，企业文化创新可以创造良好的社会效益和经济效益。例如，上海作为国际化城市，在建设过程中致力于营造浓郁的文化氛围，通过制定文化、商贸、旅游、交通、科技等各方面的发展战略和措施，推动创意产业发展。此外，上海将文化融入多个领域的创新项目中，提升产业集群的绩效，实现文化与商贸融合，让人们更好地体验和欣赏城市的文化，在轻松的文化氛围中生活。

四、挖掘文化市场潜力，拓展创意产业发展空间

众所周知，产品价值是由艺术价值和观念价值构成的。文化创新可以创造观念价值，是一个极具潜力的蓝海市场。对文化市场的潜力进行挖掘，一方面可以

拓展发展空间，另一方面可以拓展新的文化市场，形成新的管理形式，传播新的价值观。

（一）开拓文化消费市场，打造健康生活方式

当文化产品消费成为人们的生活方式时，文化产品不仅占有很大的市场份额，而且通过消费保持强大的竞争力，继承和创新历史文化，将文化融入日常生活，将文化与生活完美结合，让人们感受到文化创意的魅力。例如，在台湾创意产业发展初期，通过创造具有文化情趣的创意生活方式来吸引消费者，创意生活方式的形成极大地拓展了文化产业消费的市场空间，满足了个人消费需求，提高了生活质量；另一方面，生活与美学密不可分，在服装、食品、住房、交通、教育、休闲等与生活密切相关的产业的发展过程中，开发文化生活与创意生活方式成为许多产业发展的重心。体验经济时代，一些企业通过在国内外推广经典产品、传统品牌产品或古今时尚元素结合的产品，重振企业经济，取得了良好的效果。

（二）利用互联网技术开拓文化市场

互联网的飞速发展改变了我们的生活方式，颠覆了传统的商业模式，网络视频产业、网络游戏产业等新的市场形态在蓝海中崛起。随着互联网产业规模的扩大，利用互联网技术开拓文化消费市场，也需要有创意的优秀资源，以满足现代消费者的娱乐需求。

五、形成文化市场合力，协同推进创意产业发展

文化市场是一个覆盖全社会、面向所有消费者、基础资源自由流动、产品多样化的多层次体系。要形成文化市场合力，需要从两方面着手：

第一，推进文化体制改革，形成合力。全面发展国民经济和稳定社会秩序，创新合作机制，打破行业行政壁垒和垄断利益，促进文化资源自由流动，为公平竞争创造良好环境，努力实现共赢。

第二，创意产业的发展离不开知识产权的开发和运作。为了最大限度地提升创意产业的社会效益和经济效益，我们必须大力发展创意产业中的知识产权这一子行业。建立社会各部门的协调和激励机制，提高行业发展效率，保护创意产业的合法权益。

第六章 数字创意产业发展

在全球数字化、网络化的背景下,数字创意产业以文化创意、内容制作、版权使用为核心,以数字创意技术和创新设计为手段,对文化创意产业进行整合和渗透,从而促进周边产业的发展。目前,数字创意产业、文化产业、版权产业、体验产业、数字经济、创意经济等概念的区别尚不清晰,尚未形成完整稳定的产业链和产业结构。数字产业跨越多个领域,产业边界模糊,产业领域重叠,具有多方位、互动、融合和无限渗透的特点。本章重点研究数字创意产业的发展,提出我国促进数字创意产业发展的建议。

第一节 数字创意产业概述

一、数字创意产业的定义与范畴

"创意"和"技术"是数字创意产业的两大特征。创意是数字创意产业价值的核心。数字创意产业在创意范围、创意手段与商业模式方面的突破是以技术为依托而实现的。正是创意与技术的有机结合使得数字创意产业成为目前回报率最高、增长速度最快的产业之一。在创意特性和技术特性的驱动下,影响数字创意产业发展的关键结构因素是:政治因素——创新型服务型政府以及知识产权与法律法规;经济因素——中小创意企业与风险资本;社会文化因素——原创多元的包容文化与另类创意人才;技术因素——数字化网络化技术等。

各国数字创意产业的定义及分类汇总如表 6-1-1 所示,通过该表可以对数字创意产业的范畴形成初步的认识。

表 6-1-1　各国文化创意产业定义与范畴对比

国家	名称	定义	分类
英国	创意产业	源于个人创意、技巧及才华，通过知识产权的生成和利用，形成具有创造财富并增加就业潜力的产业	广告与市场 建筑 工艺 设计（产品、平面、时尚） 电影/电视/视频/广播与摄影 IT/软件与计算机服务 博物馆/图书馆/画廊 音乐/视觉 表演艺术 出版
美国	版权产业	从个人的创造力、技能和天赋中获取发展动力的企业，以及那些通过对知识产权的开发可创造潜在财富和就业机会的活动	核心版权产业 交叉产业 部分版权产业 边缘支撑产业
日本	数字内容产业	加工制作文字、影像、音乐、游戏等信息素材，通过媒介流通到用户的信息商品，包括瞬间可以接收、消费的信息和历经百年拥有大批读者的文学作品	内容制造产业 休闲产业 时尚产业
韩国	数字内容产业	利用电影、游戏、动漫、唱片、卡通、广播电视等视觉媒体或数字媒体等新媒体，进行储存、流通、享有的文化艺术内容的总称	数字游戏 数字动漫 数字学习 数字内容软件 数字影音 移动增值服务和网络服务 数字出版等领域

目前，全球数字创意产业呈现出不同的发展态势，英国仍以轻量创意产业为主，日本和韩国则以数字内容产业为主。美国南部将整个数字创意产业与版权产业相结合，数字创意产业主要是指创意内容业和创意制造业以数字技术为基础，以文化创意、内容制作、版权使用、创意设计为核心，逐步形成产业集群。通过相关数字创意产业资源的整合与渗透，促进创意产业的发展。

我国数字创意产业的概念与其他国家有很大不同，真正实现了数字创意产业与周边产业的有机整合。数字创意产业作为一种知识密集型、高附加值的新兴产业，随着数字经济的快速发展，在世界产业中的地位逐年上升，产业结构也发生了巨大变化，逐渐成为国民经济的支柱产业之一。

数字创意产业具有全方位、互动融合、无限渗透的特点，数字创意产业涉及多个子行业。目前，我国的数字创意产业包括或部分包括虚拟现实产业、设计产业、影视产业、游戏动画产业、数字出版产业以及文化博物馆、时尚服饰、旅游等行业，内容涵盖数字文化创意技术装备、数字文化创意内容制作、设计服务等，同时还渗透扩散到相关产业部门，通过数字创意在电子商务、社交网络、教育、旅游、医疗、体育、"三农"、展览展示、公共管理等各领域创造新的应用业态。

二、发展数字创意产业的意义与价值

数字创意产业的发展对我国经济的可持续发展、和谐社会的塑造、中华文化的振兴都有着重要意义与价值。

（一）经济价值和影响

普华永道（Price Waterhouse Coopers）《2012—2016 年全球娱乐及媒体行业展望》的研究结果表明，在经济危机背景下创意产业继续保持着增长。2011 年全球娱乐与媒体支出共增长了 4.9%。

随着现代化信息技术的改革与创新，文化创意产业发展势头正盛，而且不断探索转型升级之路，实现在全世界广泛发展。西方发达国家为壮大数字创意产业，积极制定相关政策，提供政策保障。我国也必须从国情出发，抓住全球化发展带来的重大机遇，大力发展数字创意产业。

（二）文化与社会效益

知识密集型、高附加值、高集成度的数字创意产业的发展对提升国家经济发展水平、优化产业结构具有重要作用，其成为很多国家产业发展的重点内容。数字化创新是经济层面上增长方式的转变、发展理念的转变、发展模式的创新，其有助于提高我国的经济发展水平，有效促进我国社会经济的发展。数字创意产业的发展促进各行业、各领域的跨国界融合，在数字化、网络化的背景下通过改革

新时期创意产业发展理论研究

与完善数字创意产业的商业模式和服务模式，能够推动数字创意产业、整个创意产业乃至整个国家产业的发展。数字创意产业的发展可以有效地刺激社会就业，增加国民收入和税收收入，有助于推动经济的可持续发展。无论在发达国家还是发展中国家，数字创意产业都对国民经济发展、社会就业起着非常重要的推动作用。

第二节　数字创意产业价值链

一、创意产业链的概念

创意产业链是以个人创造才华、创造能力、创造技能为根本，以丰富的文化资源和先进的科技为基础，依托信息网络技术，经过生产、流通等重要环节创造社会财富、增加社会就业机会、促进社会经济发展及形成和谐安定的产业链。创意产业链的每一部分都由生产和分配两部分组成，具体分为资源、创作、生产、包装、流通、展示等部分。创意产业链作为一种新的经济形式，包含创意艺术家、创意代理人、创意中介、创意媒体等多个组成要素。创意产业链不仅改变了一个国家的经济结构和国家出口结构，同时也使产品的影响力在国内外不断扩大。

创意产业的价值是通过创意产业链上的各个环节来实现的，创意产业发展的核心是构建创意产业链，尽可能完善创意产业链，形成规模产业链，实现经济价值最大化。

创意产业链以创新为先导，以内容为核心，对产品制造具有驱动性影响，对批发营销有拉动作用，同时带动后续产品开发，形成上下、左右联动、衔接的产业链条。分工与合作、价值扩散是构建创意产业链的两个重要方向，创意企业具有高度的专业化，有核心专业知识和核心能力，为企业合作与分工奠定了良好的基础，创意企业的合理分工与合作有助于提高经营效率，降低生产成本。"价值扩散"是指龙头企业通过深度合作、技术转让或版权转让向周边产业扩散的核心价值，形成长期生产能力，延伸产业链。

二、创意产业链的构成

（一）创意产业链的环节

要发展创意产业，就必须建立可持续增值的产业链，激活产业链的各个环节，实现创意产业链资源的有效整合和循环利用。成熟的创意产业链包括资源、创意、生产、包装、整合、分销和供应等环节。

英国创意学者、欧洲最具权威的城市创意和文化咨询公司传通媒体创始人查尔斯·兰蒂在进行创意产业实证研究的过程中引进"价值链分析法"，提出了创意产业链运作的五个阶段：创意形成、创意产品的生产、创意产品的传播、创意产品的流通、最终消费（图 6-2-1）。日本和韩国动漫产业的产业链运作是一个有序的系统过程，首先是创意人员进行作品创作，然后出版印刷出版物，最终推出相关衍生产品。

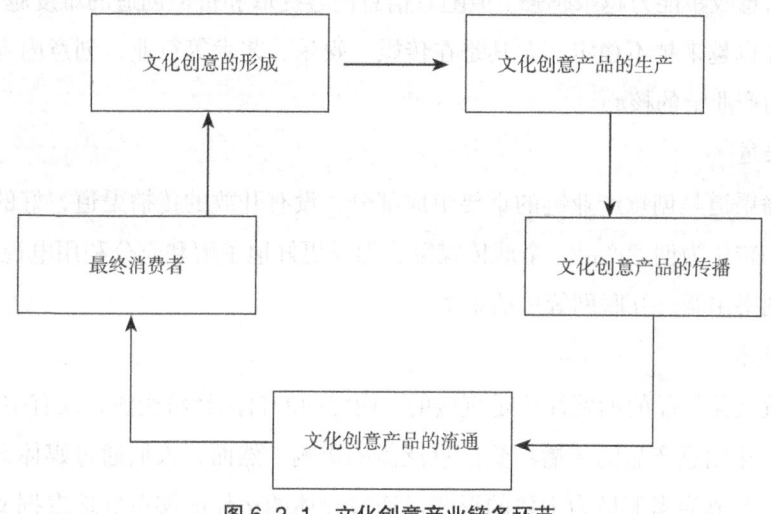

图 6-2-1　文化创意产业链各环节

（二）创意产业链的核心要素

根据产业链理论，企业的竞争优势实际上是产业链中某些战略环节的优势，这些战略环节不仅是企业核心竞争力的源泉，同时也是企业利润的源泉，只要把握好这些关键战略环节，就可以控制整个产业链，实现可持续发展。文化创意产业链的核心要素如图 6-2-2 所示。

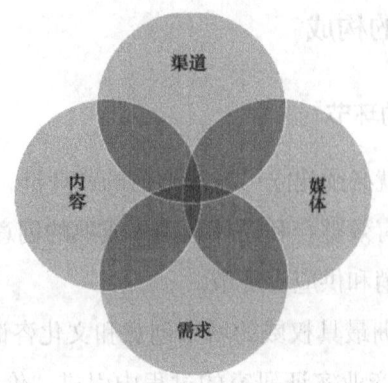

图 6-2-2　文化创意产业链的核心要素

1. 内容

内容创新是文化创意企业核心竞争力的重要组成部分，也是产业链中利润率高、信息收集能力强的区域。随着现代科学技术的发展，信息收集手段日益增多，人们的信息收集能力越来越强。但随着信息内容提取和价值创造的难度越来越大，信息环境也越来越不稳定，尤其是在传媒、娱乐、艺术等行业，创意内容资源整合已成为产业链的核心。

2. 渠道

传播渠道是创意产业链的重要组成部分，没有开放的传播渠道，好的创意内容就无法转化为创意产品，全球传媒巨头倡导更好地了解和充分利用电视、报纸、杂志、图书出版、互联网等传播渠道。

3. 媒体

传统文化作品的消费往往是直接的、面对面的自然经济交流，没有中间环节。现在，文化创意产品的传播易受信息泛滥的影响。然而，人们通过媒体来获取相关信息，已成为当下最为主要的形式。通过媒体的运作能够更好地发掘文化创意产品所具有的价值，并使其价值得以更好地实现。特别是在新媒体出现后，传统媒体形式得以革新，媒体种类得以丰富，媒体格局发生了相当大的变化，这些都是当今世界经济全球化以及信息网络化的重要体现。新媒体的产生使得人们从过去依赖固定的传统媒体收听广播、观看电视、阅读报纸等来获得信息的局面中摆脱出来，如今通过移动网络、互联网等新媒体便可以随时随地获得自己想要的信息和观看喜爱的节目内容。这使得人们接受信息的习惯和手段发生了根本性改变，媒体所具有的影响力和传播力得以最大程度的提升。对于文化创意产品来说，在对其进行传播的过程中，除了依靠传统媒体之外，更无法脱离新媒体的介入。

4. 需求

从概念的层面来看，产业链得以形成并产生变化的原因是其能够为消费者提供一种满足他们某种需要的效用系统。产业链之所以存在是以消费者的需求为基础的。就文化创意产品来说，消费者在这一方面的需求是多种多样的，既有对文化创意实体产品的相关需求，也有对文化创意虚拟产品的需求。消费者对文化创意产品产生需求的过程，实质上就是文化创意产品创造价值的过程。

三、数字创意产业价值链的内涵

数字创意产业价值链是在数字技术与内容产业融合基础上形成的链式结构。李良荣、周亭（2005）提出围绕制片商、分销商和节目平台等环节打造电视产业链、完善电视产品市场的思考。[1] 广播影视数字内容产业价值链应该包括数字内容资产库、节目生产制作平台、内容产品交易平台、媒体内容运营平台、受众及消费市场、版权管理与控制等环节。数字技术是创意产业价值链解构与重构的驱动力，数字创意产业价值链在文化创意产业与信息产业融合基础上形成，包括了数字内容创作、数字化生产、数字化运营传播、数字化消费的链式结构（Tamar, 2016[2]；韩顺法，2018[3]），是文化、技术、经济、制度的生态融合与协同创新（杨永忠、陈睿，2017[4]；周荣庭、孙松，2018[5]；Chalaby, 2017[6]；Rehnberg, Ponte, 2018[7]）。然而，总体来讲，学术界并未形成较为完整的数字创意产业价值链的构建及运营模式研究成果（宋培义、黄昭文，2014[8]）。

---

[1] 李良荣，周亭. 打造电视产业链，完善电视产品市场 [J]. 现代传播，2005（3）：15–19.
[2] Tamar G., Figuerola Carlos G. Ten years of science news: A longitudinal analysis of scientific culture in the Spanish digital press.[J]. Public Understanding of Science, 2016, 25（6）：691–705.
[3] 韩顺法. 数字创意产业有助实现美好生活 [N]. 中国社会科学报，2018-08-07（5）.
[4] 杨永忠，陈睿. 基于价值链的游戏创意产品文化、技术、经济的融合研究：以竞争战略为调节变量 [J]. 四川大学学报（哲学社会科学版），2017（3）：121–131.
[5] 周荣庭，孙松. 增强现实出版物产业价值链分析 [J]. 中国出版，2018（8）：3–6.
[6] Chalaby, J. K. Can a GVC-oriented policy mitigate the inequalities of the world media system? Strategies for economic upgrading in the TV format global value chain[J]. International Journal of Digital Television, 2017（1）：9–28.
[7] Rehnberg, M., Ponte, S. From smiling to smirking? 3D printing, upgrading and the restructuring of global value chains[J]. Global Networks, 2018（1）：57–80.
[8] 宋培义，黄昭文. 中国广播影视数字内容产业价值链模式构建 [J]. 现代传播（中国传媒大学学报），2014, 36（5）：107–110.

结合数字创意产业的特点，在参考相关研究的基础上，可以认为数字创意产业价值链是数字创意产品或数字创意服务的生命周期增值循环，这主要体现在产业链的各个环节，如创意形成、创意设计、生产制作、市场消费等。

第三节 数字创意产业创新与变革

一、我国数字创意产业发展现状

近年来，我国开始高度重视数字创意产业的发展，并制定了一系列促进数字创意产业发展的措施。我国把数字创意产业列为重点发展产业，通过发展数字创意产业来转变经济发展方式。2016年12月19日，数字创意产业第一次被列入国家新兴产业发展战略规划，从此数字创意产业的发展有了更多的机遇，显示出巨大发展潜力。

在一系列政策和金融支持下，我国数字创意产业发展迅速。以上海为例，近年来，上海抓住良好的发展机遇，充分利用联合国教科文组织的"创意城市网络"平台来提升上海数字创意产业的竞争力。云计算、大数据、物联网等信息技术创意产业以及设计服务业、电影业是上海重点发展的数字创意产业。上海创意产业发展迅速，一批创意企业不断崛起。著名的创意产业园区聚集了大量创意人才，数字创意产业已成为上海的支柱产业之一。

进入"十三五"时期，数字创意产业高速发展，产业规模不断扩大，为转变经济发展方式、促进消费增长、引领社会发展提供有力支撑和有效供给。2016年，中国VR/AR产业市场规模增长速度飞快；设计业正进入规模化高速增长阶段；影视业和传媒业繁荣发展，结构调整显著，数字技术成为重要推手，影视业转型提质，回归理性，2016年传媒业产业总规模达1.6万亿元，较2015年同比增长19.1%；数字出版业发展势头强劲，新技术、新产品、新业态不断涌现，盈利模式不断成熟，2016年产业总收入5721亿元，增长速度稳居30%之上，远远超越了其他行业；游戏产业2016年市场规模1653亿元，首超美国，成为全球最大的游戏市场；动漫产业2016年市场规模达到1300亿元，国内动漫产业以IP为核心、内容为王，衍生盈利模式基本形成；人居环境设计业稳步发展，持续年均增长速度7%，特色小镇的设计规划成为未来一段时间的亮点；文化与博物业蓬勃发展，与数字技术融合成为趋势；时尚服饰业产业规模在2.5万亿元级别，有望保持14%的发展速度，并将加快智能化、数字化进程；玩具业已达千亿元级产业规模，近年来也是稳步上升发展，研发设计驱动和内容IP驱动逐渐成为产业发展的重要动力；体育业规模在2万亿元级别，规模体量庞大并稳步上升，体育赛事IP、电子竞技成为数字化新兴领域；旅游市场迎来了爆发式增长，在线旅游成为旅游业市场主流，数字化技术广泛应用。

数字创意产业同样是投资的热点和风口。根据国家信息中心发布的《数字创意产业投资热点报告》可知，2016—2017年上半年，投资案例3990件，投资金额6727.6亿元，其中数字创意产业投资案例达到859件，投资金额高达659.3亿元，分别占总体的21.5%、9.8%。从地域上来看，一线城市的比例依然遥遥领先，仅北京、上海、深圳三个城市的比例就超过七成；从投资轮次上看，数字创意产业的融资轮次主要集中在天使轮和A轮，二者加起来占比76.3%。从投资金额上来看，数字创意产业的投资金额主要集中在5000万元以下，一半以上集中在1000万元及以下。

在数字创意产业各个细分领域中，VR/AR产业、设计业、文化与博物业成为最具潜力产业；人居环境设计业、数字出版业和影视传媒业是数字化程度最高、成长速度最快的产业。在制造强国和文化强国发展战略的大背景下，国家相继推出提升创新设计能力、创新数字文化创意技术装备、丰富数字文化创意内容和形式、推进相关产业融合发展的有关政策和举措，为未来数字创意产业的发展积蓄了充足的动能。

二、我国数字创意产业发展面临的主要挑战

（一）我国传统文化资源数字化程度较低

20世纪90年代以来，随着数字创意技术的突飞猛进，中国优秀传统文化的数字化储备、保护和传播逐步升温。当前，中国传统文化资源数字化程度还处于一个较低的水平。作为一个文明古国，我国具有丰富的传统文化资源，这些传统文化资源已成为文化创意和内容生产的优良土壤。利用数字化技术使传统文化资

源"活起来",将是建设当下中国文化"软实力"的根基,更是实现中华民族伟大复兴的动力源泉之一。

(二)科技研发和应用水平与产业发展需求尚有较大差距

一些新兴的 AI、VR/AR 等技术已有一定发展,在部分领域也有不错的应用,但在数字创意产业领域的应用相对不足。

(三)数字内容文化品位不高

文化市场和大众传媒的新发展给我们的文化生活带来很多可喜的变化,但有些新媒体在经济利益的驱动下,生产、销售品味低下的文化产品,自媒体内容质量良莠不齐,需要提升内容品质和品位。数字出版产品内容整体水平有待提升,数字教育出版精品内容资源匮乏、网络文学精品原创内容整体水平偏低,核心竞争力有待进一步加强。

(四)数字版权保护不力

随着互联网的发展,版权中数字版权的占比逐渐提升。在海量的互联网信息中,数字产品确权难、发现侵权难、维权难,是数字版权面临的三大难题,并会对数字版权的发展产生破坏性影响。数字出版是我国出版行业的发展趋势,在数字化的背景下,如何保护我国数字出版版权是亟待解决的问题。

(五)文化产业发展体制障碍

1. 文化产业发展的七大障碍

近十年来,文化产业发展迅速,成效显著,但也存在着规模小、分散性差等突出问题。文化产业发展的主要障碍如下:一是各级领导对文化产业发展重视不够的观念障碍;二是政策法规不健全造成的保护障碍;三是人才培养、引进和利用不足造成的人才流失障碍;四是缺乏创新造成的认知障碍;五是资金障碍;六是制度障碍;七是文化资源利用不灵活障碍。

2. 具体产业面临的障碍

VR 产业存在内容短板,VR 内容稀缺,制作成本过高,内容呈现方式多样,没有统一标准,各类 VR 设备之间还无法实现互联互通,这成为制约 VR 大规模产业应用的关键因素;同时 VR 内容数据量庞大,给实时网络传输带来新的挑战。

动漫游戏产业高质量、高水准 IP 创意作品与高层次创意人才缺乏；高校动漫游戏复合型创意人才培养规格缺位、复合型毕业生缺乏；动漫游戏开发硬件技术与软件技术、终端消费硬件技术与系统软件、主流应用软件技术掌握在国外企业手中，国内只能跟随式迈进。

数字出版产业版权缺失，数字内容创意盗版问题比较严重；内容付费消费市场有待进一步培育、扶持和引导。

三、我国数字创意产业发展的机遇

（一）产业政策驱动

数字创意产业是融绿色、环保、低碳、科技于一体的战略性新兴产业，具有经济价值高、带动就业等特点，近年来，国家越来越重视数字创意产业的发展，并持续出台了一系列支持鼓励数字创意产业发展的政策，从国家和政策角度提高了数字创意产业发展的积极性。当前，我国正处于经济结构转型和社会主义文化强国建设的关键时期，数字创意产业的发展前景非常广阔。

（二）经济社会发展的新趋势

信息技术的发展，为经济发展和社会生活模式的转变奠定了基础。近年来，数字经济和共享经济的快速发展，为广大人民群众的学习、工作、生活等各个方面创造了越来越便捷的环境和条件，包括网络购物、外卖餐饮、共享单车、共享汽车、数字阅读、数字教育、网络文学等，可以说数字化、信息化已成为当下经济社会发展的趋势，必然为数字创意产业的发展带来持续的活力。

（三）传统产业转型升级

传统产业在国民经济中占有举足轻重的地位和份额。然而随着经济和技术的持续发展，很多传统产业发展遇到瓶颈，难以适应当今社会发展的新潮流和新需求，面临着产业转型升级。而这也为数字创意产业诸多领域带来了新的发展机遇，如创意设计服务与传统制造业融合创新、传统出版向数字出版转型升级、传统影视等内容由线下向线上创新发展等均为数字创意产业带来了新的发展机会。

（四）居民文化消费持续提升

经济的发展使我国居民收入不断增加，居民消费水平大幅提升，物质消费已无法满足当前我国广大居民的生活需求，文化娱乐在今天显得越来越重要。文化消费在居民消费中所占份额持续增加，这为创意设计、影视、动漫游戏、数字出版、数字教育、网络文学、VR/AR 等诸多数字创意产业的发展提供了持续的消费动力。

四、我国数字创意产业的创新路径

数字创意产业的发展需要在技术、内容、设计等方面进行重点创新。

（一）技术创新

针对数字创意软硬件技术进行原始创新和集成创新。鼓励地方和企业组建数字创意研究院，实现关键技术攻关和建立统一技术标准。

（二）内容创新

对优质 IP 内容与二次元内容进行创新。激活优质创意个体和机构，以政府政策和资金扶持培育，以市场机制推动其产业化运作。

（三）设计创新

以设计创新推动数字创意科技、文化、艺术等多元要素的集成创新，整合产业资源，推动创意与素材又快又好地转化为产业成果。

（四）融合创新

构建产学研合作平台，为产学研协同创新项目的落实提供政策与资金扶持，激励数字科技、数字内容创新成果产业化，加强数字创意产业服务平台建设。

第七章 创意产业发展的保护

政策是政府实现目标的有力工具，创意产业的发展离不开政策的引导。世界各国政府都在大力推动创意产业的发展，创意产业根植于文化之中，具有较强的地方特色。本章分析了创意产业发展的外部环境、知识产权保护和公共服务平台的构建。

第一节 营造利于创意产业发展的外部环境

一、宽松的人才环境

（一）跨国引进人才

人才作为创意经济的核心资本，已成为促进创意产业发展的重点。很多国家建立了跨国创新人才引进体系，创新人才具有较强的流动性，往往聚集在一个自由、舒适的环境中，政府的支持使创新人才国际化流动成为可能。一些国家采取引进国外创意人才的政策来推动国内创意产业的发展，其中最常见的是美国的"绿卡"政策。所谓的"绿卡"就是美国政府给予非美国公民的"永久居留证""永久居留权"，外国人获得在美国合法生活和工作的权利。"绿卡"政策的实施使大量优秀创意人才涌入美国，为美国经济和社会发展注入无限的活力，美国成为世界上最强大的创意产业基地与实施的"绿卡"政策密切相关。除美国外，加拿大、澳大利亚等"移民国家"也有类似的制度。以此来引进人才，推动创意经济的发展和经济的可持续发展。2006年，中国香港特别行政区推出了"优秀人才入境计划"，吸引全世界各地的精英来港，促进香港的发展。欧洲议会还推行"蓝卡"制度，旨在吸引发展中国家的人才，蓝卡持有者能够在欧盟成员国工作。"蓝卡"

持有者在欧盟成员国享受与当地居民相同的待遇，住房、教育和养老金等多个方面的待遇都与当地居民没有差别。

（二）创造自由的出入境环境

创造舒适、自由的出入境环境，摒弃繁琐的规章制度，改革阻碍人才流动的条例，使创意人才在各国的流动更便利。面向创意人才放松出入境限制的国家往往能够提高自身的"吸引力"，从而吸引更多的创意人才来此贡献自己的智慧。

二、完善的官方政策

完善的官方政策在创意产业领域是非常重要的。考虑到我国在创意产业发展过程中所面临的体制性问题和产业政策体系等宏观层面的挑战，我们需要采取有针对性的举措来加强基础工作。为此，可以在一些典型区域率先实施，以更好地促进和推动我国创意产业的发展。

在资金方面，建议政府设立专门的创意产业发展基金，用于提供资金支持和融资服务。同时，政府应当优化创意产业的税收政策和奖励机制，以吸引更多的企业、团体和个人投身其中，从而促进创意产业的集聚效应和区域聚集现象的形成。政府在这个领域扮演着最重要的投资者、需求者和消费者角色，因此，政府在文化创意产品和服务方面的影响力对于创意产业的发展至关重要。

此外，建议在创意产业的集聚区域内广泛开展多样化的文化会展、节庆活动，还有各种形式的论坛和文化创意年会，甚至可以举办创意比赛和市集活动。这些活动将有助于不同创意产业机构之间的互动，同时也能够培育出消费者群体，提升整体文化创意策划水平和创意设计能力，最终占领市场份额。

总之，为了促进我国创意产业的持续发展，我们需要在制定政策时重视资金支持、税收优惠、奖励机制等方面的因素。同时，在特定区域实施先行先试的政策，可以更好地推动创意产业的壮大，进而提升国家在这一领域的竞争力。

三、创造性的教育体制

强调教育在创意产业中的长期作用，建立多层次的创意教育体系，是政府扶持创意产业的前瞻性政策。

一是为了适应创新经济的浪潮，建立先进的终身教育培训体系，以不同教育培训形式打造创新人才。世界各国逐步将终身教育理念制度化。终身教育正从一种新的教育理念转变为一种新的教育发展战略，即新的教育体制、新的教育结构体系和新的人才培养模式。

二是注重对创新人才的挖掘与培养，对富有创造性的人才进行深入挖掘和积极培养；学校教育也越来越注重对学生创造能力的培养，积极开展一些创新的教学活动来激发学生的创新热情。

第二节　创意产业的知识产权保护

由于创意产业具有投入高、复制成本低的特点，倘若知识产权保障不足，原创人员在创作过程中所作的大量投入便会付诸东流，势必会影响创意产业的持续发展，因此必须加强对创意产业知识产权的保护。

一、知识产权的概念

知识产权又称"智力成果权"，它是指按照国家法律的规定，公民或法人对自己在科学技术、文化艺术等知识领域中创造的智力成果所享有的专有权利。这种权利包括人身权利和财产权利，也称为"精神权利"和"经济权利"。

现在，国际上普遍认为，知识产权是公民的基本权利之一。这意味着社会应该承认公民或法人对自己的脑力劳动所创造出来的智力成果享有占有、使用、收益和处分的权利。

我国有关法律规定，知识产权与财产所有权、债权、人身权同属受国家保护的民事权利。为了处理知识产权各种具体的民事关系，根据民法的有关规定进一步制定了各种民事法律，如版权法、专利法、商标法、技术合同法等。

二、创意产业知识产权的权属识别

知识产权权属的法律规则非常复杂，实践是知识产权纠纷的最大难点。创意产业中企业成果的权属问题关系到企业的生存和发展，只有将权属这一知识产权的核心问题搞清楚，才能使创意企业顺利发展。商标、专利、版权（著作权）、

新时期创意产业发展理论研究

商业秘密，是创意企业成果中知识产权保护的基本内容。随着网络经济发展的不断深入，计算机软件、网络游戏、实用艺术品、广告作品、会展业等都成为知识产权保护类别中的重要内容。

产权权属问题的实质是产权明晰问题，就创意产业来说，即是创意企业成果权利的归属问题。

（一）著作权权属识别

著作权的归属一般以作品上的署名为依据，可以根据署名判断。著作权是随着作品完成而自动生成的，如果著作财产权转让，必须签订书面合同并在相关部门备案。

（二）专利权权属识别

在我国，专利权的权属识别，一般经国务院专利行政部门对专利申请审查并认为符合规定，作出授予专利权的决定，发给相应的专利证书，同时予以登记、公告。自此，专利权生效。

（三）商标权权属识别

初步审定的商标公告期满无异议或经裁定异议不能成立的，商标局予以核准注册，发给商标注册证，并予公告。注册商标的有效期是自核准注册之日起计算。

（四）商业秘密权权属识别

商业秘密是不为公众所知的能够给权利人带来经济利益的、对权利人方便保密的技术和商业信息，合法取得并占有或利用商业秘密的民事主体是商业秘密的权利人。商业秘密权的转让应依靠双方当事人之间的约定。

三、创意产业与知识产权

创意是创意经济的一个特殊组成部分，具有生产性特征，创意产业的核心是创新知识和实践，创新是个体在独特创意资源基础上的智力成果。知识产权已成为创意经济的一个重要概念。

创意产业与知识产权的关系是十分密切的。创意是一种智力资本，创意产品必须受到知识产权法的保护，尊重个人的创造力，尤其是将个人想法转化为创意产品的能力。加强知识产权保护是创意产业发展的基础，我们应提高知识产权保护意识，加强知识产权制度建设，促进创意产业健康发展。知识产权是创意产业的财富源泉，在以工业经济为主导的传统经济体系中，知识产权这样的无形资产是不被重视和不受保护的。在知识经济时代，无形资产在企业资产价值中所占的比重迅速上升。无形资产的地位越来越重要，知识产权作为无形资产受到相关法律的保护。

四、创意产业的发展与法律保护

21世纪以来，国民的收入水平逐步提高，人民群众对精神文化的需求也大幅度提高，文化消费市场潜力巨大，我国的创意产业也随之迅猛发展，特别是北京、上海等地提出建设文化大省（市）、文化强省（市）的目标，提出文化产业发展速度要超过GDP增长速度。创意产业消耗少、污染低、附加值高等优势进一步凸显，成为经济发展中的一股强劲势力，并逐渐发展成为国民经济的支柱产业之一。但是创意产业在我国还处在初级发展阶段，各类创意产业的规模还很小，特色不够鲜明，因此，我们要继续大力发展创意产业，国家要制定相关政策法规、增加资金的扶持力度，用科学技术和创意来大力推动创意产业的发展。

我国创意产业近几年突飞猛进，其高附加值的特点和我国丰富的文化资源吸引了众多投资者的目光，创意产业成为社会资本追逐的新热点。我国创意产业在GDP中所占的比例和绝对利润值都在逐年增长，创意产业企业和从业人数逐年增多，整个产业呈现出一片欣欣向荣的景象。创意产业的发展在一定程度上也带动了整个国民经济的发展，创造了更多的就业机会，对企业和从业者来说都有较大的发展空间。同时，创意产业也得到国内各大城市的重视。随着社会资本的大量涌入和各地政府划拨专项资金扶持创意产业的发展，许多创意产业园区相继建设和投入使用，政府和金融界的大力支持，以及巨大的市场空间，大大地推动了全国各大城市的创意产业飞速发展。同时，全国各大城市都在根据自己的特点，纷纷提出了适合的特色化创意产业发展目标。各个城市根据自己的特点建立了各种创意产业的基地和园区，为创意产业的发展提供了良好的基础环境。在发展中，我国创意产业走出国门，国际竞争力也明显增强。许多具有浓郁中国特色、展示我国悠久民族文化的创意产品，如千手观音、奥运"福娃"和"大梦敦煌"等文化产品都走出国门，进入国际文化市场，使我国文化的国际影响力不断提升。

随着我国创意产业的发展，文化创意产品的表现形式和传播方式也越来越多样化，在著作权方面出现了许多需要关注和亟待解决的实际问题，如法律政策缺失、知识产权保护力度不够、盗版侵权行为严重、企业和广大消费者产权意识淡薄、网络中的文化创意产品的数字版权问题和侵权人的界定问题等，这些都需要相关法律法规对其加以正确引导和有效规范。

创意产业不同于其他产业，它最核心的价值在其所包含的文化创意产品上，如果文化创意企业的知识产权得不到保护，经过大量的研发投入，最后得到的产品和服务却被其他竞争者无偿地使用，这会极大地挫伤创意者的积极性。

目前，我国创意产业的立法工作已经取得了一些成绩，法律保护层面主要有《商标法》《著作权法》《专利法》等知识产权相关法律法规，另外，还颁布了《电影管理条例》《广播电视管理条例》《出版管理条例》等，不过，现有立法远远不能满足现实需要，主要原因如下：

一是我国知识产权保护立法较晚，法律法规不健全，如立法模式存在争议、配套制度缺失、相关立法滞后等。

二是投资、税收、文化市场管理体系不完善，在执法上也不严格，加上对知识产权保护法的宣传力度不足，导致大部分企业和广大消费者产权意识淡薄，现行的知识产权保护环境与发展创意产业所需的知识产权保护力度之间存在较大差距。

大多数企业既不懂得尊重他人的知识产权，也不懂得如何保护自己的知识产权。政府要尽快完善知识产权的保护政策，加大保护力度。同时，创意产业发展中侵权案例的大量出现引发社会关注，也需要我们研究具体案例来为相关立法和司法实践提供理论依据。

五、各类创意产业的具体保护对策

（一）文化艺术类创意产业保护对策探析

1. 健全文化艺术保护的法律体系

北京地区立足于文化艺术发展起来的创意产业类型较多，随着社会的发展和互联网经济的崛起，出现在创意产业中的法律纠纷也越来越多样化和复杂化，我国目前并没有一部专门的有关文化创意产业的法规，因而在解决一些实际的法律问题时会出现偏差和难以解决的纠纷。如何在现有的法律法规体系下解决文化创意产业中出现的纠纷，是值得学界思考的问题。

我国的立法程序相对复杂，从立法的提案、审核、修订到颁布是一个长期的过程，在文化创意产业保护法制定出来之前，我们应该积极地从其他的法律法规中找出适合的条款，来解决在实际操作中出现的问题。

一方面我们可以借鉴一些国际法和国外相关国家解决纠纷的经验，比如，《伯尼尔公约》（保护文艺创作知识产权）、《世界知识产权组织表演和录音制品条约》（保护表演者的版权和领接权）、《班吉协定》（保护文学、艺术和科学领域原创作品）、《阿拉伯著作权公约》（保护民间文学艺术作品）以及《保护非物质文化遗产公约》（保护非物质文化遗产的）等。

另一方面我们可以利用我国现有的法律法规和管理条例对一部分文化创意产业进行保护，如《著作权法》《商标法》《专利法》《反不正当竞争法》《民间文学艺术保护法》《合同法》《侵权责任法》等。同时，也可以参考一些地方政府颁布的相关条例，如《淮南市保护和发展花鼓灯艺术条例》《云南省丽江纳西族自治县东巴文化保护条例》《福建省民族民间文化保护条例》《广西壮族自治区民族民间文化保护条例》《江苏省非物质文化遗产保护条例》《贵州省民族民间传统文化保护条例》等。

2. 增强企业守法意识，建立企业的诚信体系

侵权行为分为有意识侵权和无意识侵权，有意识侵权是指在经济利益的驱使下，侵犯他人的权利从而提高自己的经济利益；无意识侵权是指由于法律观念淡薄，以及法律知识欠缺所造成的侵权行为。为了减少这种有意识和无意识的侵权行为所引起的法律纠纷，我们可以从三个方面来解决上述问题：

（1）增强企业的守法意识

从源头上遏制侵权行为的产生。各个地方政府可以建立知识产权法律小分队，深入一线创业产业园区宣传相关的法律知识，并派驻法律监督员，实行轮岗作业，监督企业可能存在的侵权行为，并帮助企业规避侵权的风险。加强企业领导层的法律知识学习，强化领导干部的法律素养和法律知识，减少侵权行为产生。

（2）建立企业的诚信体系

在国外，大到国家、企业，小到各个民众都建立了其个人的诚信价值体系。为了减少文化创意产业中侵权行为的发生，各级政府需要对辖区的各个文化创意企业建立诚信档案，对于有侵权行为的企业按其侵权的严重程度，可以取消或永久取消其经营产业的资格。

（3）加大对侵权行为的惩处力度

对于一般侵权行为，依据现有法律只是判赔经济损失和停止侵权行为。因而企业形成了"侵权大不了赔钱"的意识，侵权的成本低，使得侵权行为发生的概率高。另外，一般企业维权的程序多，维权的成本大，对于很多侵权不是特别严重的企业也有较大的宽容度。这样形成了一股不好的社会风气，守法环境相对较差。加大惩处侵权行为的力度，营造良好的守法环境，能够促进文化创意产业的良好发展。

（二）广播电视产业保护对策探析

改革开放四十多年来，我国经济持续、快速、稳定发展，广播电视等传媒业也得到了快速发展，建立了较为完善的发展体系，实现了跨越式发展。广播电视业可以说是我国文化创意产业的典型代表，是社会主义文化产业和媒体的重要组成部分。

广播电视产业的发展离不开法律的规制和指导。我国传媒业的发展和管理也需要法律的规制和保护。无论是完全市场化的产业单位，还是按国有企业管理模式运作的企业，其发展都离不开法律的约束与保护。我国的媒体法远远不及创意产业发达国家的媒体法，主要表现为数量少、法律效力差。在我国社会主义法律体系中，有很多独立的部门法，如经济法、民法、商法等，但不包括媒体法，媒体法还未发展到这一步。我国现有的媒体法只是一个简单的法律、法规、规章制度等的集合，所以，我们还未真正从法律层面上来对广播影视行业进行约束、引导与管理。广播影视行业管理中，部门规章制度、行政法规及行业规范性文件等发挥主要作用，但不具备很强的法律效力。我国继续颁布用以规范与约束广播影视产业发展的专门法律，并在法律中体现这个行业的独特性，从而更好地引导该产业的健康有序发展。

迄今为止，广播影视法主要由七个行政法规、三十余个部门规章和部分规范性文件组成。包括《广播电视设施保护条例》(2000年11月)《广播电视管理条例》(1997年8月)等。

长期以来，广播电视宣传管理主要依靠行政手段来执行政策，下达行政命令，发布"红色文件"，对西方国家和我国广播电视产业法律规制进行比较，可以发现我国与发达国家在规制阶段、规制理念、规制手段等方面存在较大差距。

具体而言，我国现行的广播电视产业法律规制存在以下不足：

（1）缺乏系统的监管政策，缺乏全面的广播电视监管立法。

（2）监管机构的科学性不强。

（3）独立和公平的监督机构尚且缺乏。

由于我国广播电视业长期缺乏像其他行业所拥有的行业法，没有能够体现自身独特性的行业法，以至于我国广播电视行业发展中存在规章和规范性文件制定随意性大、变动较快等问题，进而导致在广播电视行业各种侵权问题较多，制约了广播电视产业的有序发展。基于以上考虑，应从以下几方面来加强广播电视领域的法律规制：

（1）制定《广播电视法》或类似具有法律权威的行业法律。虽然我国已有《广播电视管理条例》，但《广播电视法》的作用是其代替不了的。相对而言，立法更有权威，保护作用更强，约束力更大。

（2）以广播电视法为核心，加强对广播电视法的法律框架的完善。除积极发挥广播电视法的法律效力之外，相应的行业行政法规也是不可或缺的。打破行政法规作为行业内法律框架最高层次的同时，总结当下行业内出现的主要法律保护问题，与时俱进，完善行政法规，建立层次分明、协调统一、和谐规范的法律法规和规章制度，使其运行有序，共同为行业的健康发展提供法律庇护。

（3）加强对广播电视领域新媒体的法律研究，让法律规制跟上时代发展的步伐。数字技术的进步和互联网的飞速发展，带领我国进入新媒体数字时代。在积极发展移动多媒体广播电视、手机广播电视、网络广播影视等新兴文化业态的同时，要积极完善广播电视法律体系，特别是涉及以上提到的新兴文化业态领域广播电视新媒体的法律、法规、规章，以及视音频节目的播放和内容审查方面，都要做到未雨绸缪。

（4）普及法律知识，加强行业自律。目前我国广电行业中频发节目侵权或盗播纠纷事件，很多是因为网民缺乏相关法律知识，而间接助长侵权行为滋长；也有部分是由于行业组织本身法律意识淡薄，片面追求收视率或经济效益而走上侵权之路。电影电视类产业深感棘手的网络盗播现象，一方面需要法律法规的管制，另一方面更需要行业组织积极发挥约束作用，通过行业自律规范广电市场。

（三）电影产业保护对策探析

截至目前，我国的广播、电影、电视法律制度仍缺乏一个完整的体系。

目前，电影业已成为不可或缺的娱乐产业，随着电影消费的增长，电影产量不断增加，电影票房也在不断增长，电影丰富了人们的业余生活，但在电影繁荣发展的背后，还有一些问题需要解决。其中最重要、影响最大的是长期存在的电影版权问题，在网络环境下，视听产品侵权已经从传统侵权转移到网络侵权。

在网络时代，著作权人的"信息网络传播权"是基于互联网而产生的，这是现代电影版权的一个新特征。但我们目前缺乏对著作权人这一权利的保护。人们在手机或电脑上观看免费电影非常方便，这是很多人不愿意去电影院的一个原因。为了满足受众的需求，一些不法商家将没有得到授权的电影上传到新媒体终端让人们点击观看，这种极其普遍的侵权现象是互联网引起的。此外，这种侵权现象解决起来也比较难，因为侵权者众多，而且较为隐私，也不能确定归谁管辖。侵权者采取复杂的技术手段侵权，给维权带来了困难。

一方面是侵权现象频发，另一方面是侵权判定存在种种难题，在这种情况下，可以考虑从以下几个方面加强电影行业的法律保护：

（1）借鉴对广播电视行业的处理办法，加紧制定电影法等体现行业特色的法律法规，提高电影行业的法律保护层次和保护效力。

（2）除立法层次外，还要从司法、执法层次完善改进。加大监督、审查、管理力度，加强版权监管，建立健全电影相关使用行为的付费制度等。

（3）加入著作权集体管理组织，强化与国际著作权保护制度的衔接，同时鼓励社会力量参与版权保护。

（4）加强技术保护措施。通过技术上的研发改进，提高侵权的难度系数，利用技术追踪，及时制止侵权者的侵权行为。

（5）积极发挥行业组织的协调管理作用，加强行业自律，抵制不正当竞争。

（6）出台相应维权保护措施，加大侵权惩罚力度，提高侵权成本，同时降低受害方的维权成本。

（四）网络服务保护对策探析

我国网络服务包括互联网新闻服务、互联网出版服务及其他互联网信息服务如数据库服务，都存在着一定程度的法律保护问题，其法律制度也存在一定的缺陷。制约、阻碍着我国网络服务的进一步发展与繁荣。下面就我国网络服务法律保护问题提出一些相应的对策及建议。

第一，加强立法，对相关法律予以完善，对与国际接轨的网络版权法进行制定。

第二，提供网络服务的个人或企业尽量减少网络版权被侵害的可能，减少维权成本。要强化法律意识，了解自身对网络服务产品享有的权利，如遇侵权应依法追究侵权人的责任。

第三，增强社会公众网络服务法律保护意识。一方面，只有网络服务提供者的权利得到法律的有效保护，网络服务才会得到积极发展，提供者才能创作出更多作品；另一方面，网络提供新闻、出版、数据库等服务给公众，必须解决提供者与社会公众合理使用、传播网络内容的问题。

（五）广告展会产业保护对策探析

1. 完善展会知识产权保护立法

明确对品牌展会名称的保护，完善《展会知识产权保护办法》的有关规定。

2. 充分发挥行业协会的积极作用

在完善知识产权保护制度的同时，不可忽视行业协会的力量，广州等会展业发达的城市成立了自己的会展协会，发挥行业协会的力量，结合行业实际，促进会展业的健康发展。行业协会可以从三个方面发挥积极作用：

（1）加强与相关部门的沟通。

（2）增强知识产权保护意识。

（3）通过行业自律打击侵权行为。

3. 完善展会知识产权纠纷解决措施

第一，完善知识产权保护的综合措施，如设立展会投诉机构，降低行政执法和诉讼成本。

第二，通过合同或书面承诺形式对参展商的知识产权保护义务予以明确。

第三，如果主办单位在展会上未能保护知识产权，则应承担违约责任。

第四，建立展会主办单位的知识产权保护能力评价体系。

（六）建筑设计保护对策探析

在建筑设计方面，我国当前主要面临的法律问题：一是对建筑设计活动的法律规范规定；二是对建筑设计作品（包括设计图纸、设计说明、建筑模型等）、建筑实物的版权保护。其中，更应关注后者。而当前，我国对建筑设计作品、建筑实物的版权保护主要依据《中华人民共和国著作权法》及《反不正当竞争法》来进行法律判定。《中华人民共和国著作权法》第三条第（四）项规定，美术、建筑作品享有版权。《中华人民共和国著作权法实施条例》第四条第（九）项将建筑作品解释为以建筑物或者构筑物形式表现的有审美意义的作品。

因此，对现有建筑设计的法律保护，提出以下建议：

（1）充分利用有关建筑设计法律责任的现行法律法规，遵守《中华人民共和国建筑法》第五十六条的规定；根据《中华人民共和国建筑法》，发生工程质量事故，责令停工整顿，降低资质等级或者吊销资质证书，造成损失的，依法承担赔偿责任；构成犯罪的，依法追究刑事责任，充分发挥建筑法的法律效力。

（2）说服教育建筑设计人员重视国家制定的相关建筑技术标准，督促设计机构及设计人员严格遵守，适当惩罚那些以各种理由搪塞、拒绝执行消防监督机构提出修改意见的企业，从源头上防范"短命建筑"悲剧的发生。另外，国家相关部门要认真落实认证管理制度，严禁无证的企业承接工程设计项目。

（3）完善著作权法，制定建筑设计作品著作权保护的法律法规，明确建筑设计作品著作权保护的对象和具体的保护内容，缩小法律空白。同时，加强对设计合同的法律规制，充分发挥设计合同对建筑设计作品的法律保护作用。

（七）城市规划保护对策探析

《中华人民共和国城乡规划法》于 2008 年 1 月 1 日起实施，1990 年 4 月 1

日施行的《城市规划法》同时废止。2015年4月,第十二届全国人大常委会对《城乡规划法》做出修改。在城市规划方面,目前我国最重要的法规是《中华人民共和国城乡规划法》,但就其性质而言,其偏向于行政法功能,缺少公众行使权利的规定,并且在实际工作中公众的权利也没有得到充分保护。此外,我国的城乡规划法的具体内容还存在一些问题,如城乡规划制定主体与职能不对称;城乡规划制定过程不够民主,这些是城乡规划刑事法律责任的空白。面对日益严重的问题,应及时改革城乡规划法律制度,维护城市发展与自然生态系统的和谐平衡,减少城市环境使用者与公共环境之间的矛盾与冲突。

在此基础上,对我国城市规划的法律保护提出以下建议:

(1)积极借鉴国际公约及国外城市规划立法,完善我国的《城乡规划法》,树立核心法的权威。引进民主参与,结合我国当前城市发展现状及过去的经验,树立全新的城市规划立法理念,将城乡发展与区域发展统筹起来,转变传统城市规划理念。

(2)修订和完善城市规划相关法律法规,加强各方面法律的协调,构建和谐的城市规划法律体系。城市各行业的法律法规是城市法律制度规划的重要组成部分,为城市规划提供法律依据、技术标准和规范。

(3)普及法律知识,增强公民法律意识,加强我国公众参与城乡规划的责任感。可以利用互联网等媒体进行法律宣传,宣传公众参与权的重要性,为公众提供表达意见的机会,提高公众参与的主动性,建立公众参与的公开渠道,完善公众参与规划的责任制。

(八)工业设计保护对策探析

就工业设计保护而言,最为典型的专业技术服务就是对工业设计进行法律保护。对于工业设计来说,产品设计是核心,在电子信息、机械、纺织、轻工等相关产业中有着非常广泛的应用。通常,工业设计是归为工业知识产品范畴的,其所涉及的相关法律问题主要包括工业设计知识产权、版权保护等。相比于技术而言,工业设计是非常容易被抄袭和模仿的。由此可见,工业设计更加依赖知识产权的保护,工业设计所获得的相关成果需要通过知识产权的创造、运用、保护和管理,方可进行市场化和权力化的转化,促使工业设计更具竞争优势。针对知识产权保护,我国颁布和实施了相关知识产权战略,越来越多的企业能够通过这一战略来对自身的工业设计新成果进行保护,并且在市场中保持更加明显的竞争优势。

基于此,针对工业设计的法律保护提出以下建议:

(1)取消单一保护期限的规定,针对不同的工业设计实行不同期限的保护。例如,对于外观设计专利,我国专利法中规定的保护期限为10年,是从申请的那天开始算起,这种限制保护期限的规定很难满足当下的实际需要。此外,对于那些信誉好、知名度较高的企业来说,他们难以通过这一规定来实现占领市场,限制对手的目标。

(2)对工业作品和外观设计的审查制度加以完善。对工业产品外观设计的相关专利所制定的初步审查制度,是由国务院进行授权,并发放相关的专利证书及进行登记公告。但由于不够完善,这种初步审查制度会导致一些消极效果的产生。这主要表现在以下两个方面:一方面,这种初步审查制度并不审查外观设计的创造性和新颖性,这就会导致一些本不应该出现的外观设计专利的产品获得授权;另一方面,由于授权的速度过快,导致外观设计专利的数量非常多,存在空有数量而缺乏质量的问题。①

(3)对工业设计领域给予积极的扶持和引导,促使其得以平衡发展。从区域的层面来看,北京、上海、广东、浙江、江苏等省市是高科技和制造业较为发达的地区,这些地区创造知识产权的能力也是比较成熟的。虽然一些省份制造业已经达到了一定的规模,但在知识产权的创造方面相对来说是比较落后的。此外,就同一产业来说,不同企业在创造知识产权方面,各自能力也是不尽相同的。一些企业已经走上了自主创新的道路,但对于大部分企业来说,在知识产权创新方面仍有很长的一段路要走。

(4)对企业知识产权加强管理,构建相应的专门管理机构,并开展相关知识产权培训,提高企业运用知识产权的能力。针对产业工业设计方面的知识产权,各级政府部分应积极出台相关的政策,给予积极的引导和扶持,加大知识产权推广力度,强化知识产权保护意识,重视企业知识产权的创新和保护工作。

(5)对有关信息加以合理利用,为实施知识产权战略提供支撑。对外观设

---

① 宋娟红.浅议我国外观设计法律制度的完善[J].山西省政法管理干部学院学报,2007(4):24-26.

计专利相关的信息进行分析和整理，并进行科学加工，进而将这些成果转化为具有一定商业价值的有效信息，从而为专利设计服务的法律保护提供一定的参考依据。

（九）艺术品拍卖保护对策探析

1. 制定鉴定规则，成立权威的国家鉴定机构

鉴定工作对于文物艺术品来说是非常重要且必不可少的一项工作，针对鉴定工作制定详细的规则，能够促使鉴定工作更加标准化、客观化，提升鉴定结果的可信度。成立具有高权威性的鉴定部门，将著作权人的解释说明作为对拍品真伪进行判断的辅助性材料，才能有效地降低赝品在文化艺术品拍卖市场上出现的可能性。

2. 行业自律，制定鉴定专家职业道德规范

对于专门从事文物艺术品拍卖的公司，要严格要求其具备一定级别和数量的有着非常丰富鉴定经验的鉴定师。如果不具备，这样的拍卖公司就需要退出拍卖市场。对于鉴定师，中国拍卖行业协会可以制定与之相关的职业道德规范，并针对违规行为制定相关的惩处办法，从而打击那些为了自身利益而丧失职业道德的鉴定师进行掺假鉴定的行为。

3. 建立赝品召回制度及双倍赔偿制度

拍卖公司在维护好自身信誉的同时，应采用科学的鉴定方法。对文物艺术品进行鉴定，其难度很高，鉴定过程也较为复杂，即使鉴定团队水平很高也很难保证不出现失误，将赝品鉴定为真品，甚至进行拍卖。所以，如果查实所拍文物、艺术品为赝品后，拍卖公司就要启动赝品召回程序，向买家支付赔偿金，以挽回拍卖公司形象。

4. 强化拍卖法规的实施

健全法律制度，除了要做到有法可依之外，还要做到有法必依，违法必究。针对拍卖工作，我国的相关法规体系是完整的、健全的，但在法规实施和执行方面存在薄弱环节，需要从以下两个方面改善和加强：

一方面，强化人们的法律意识，加强拍卖法律法规的相关培训，通过宣传和培训，提高全民的法律意识，提升拍卖从业人员执法和守法意识。另一方面，要

新时期创意产业发展理论研究

加强执法力度,尤其是要加强司法执行力度,保证法律得以及时、准确、有力的执行。

第三节 构建创意产业服务平台

公共服务平台是政府为创意产业发展提供的重要公共服务产品之一。许多国家和地区在构建创意产业公共服务平台方面积累了丰富的经验。本节主要分析创意产业中四类服务平台的构建。

一、技术服务平台

创意产业中有关企业开展查询、测试、实验等活动需要具备基本的场地设备、技术指导等条件,也需要获得认证、咨询等服务,提供这些专业性条件与服务的平台就是创意产业技术服务平台。

各国政府设立的创意产业技术服务平台一般有以下两类:

(一)提供全方位服务的技术平台

伦敦文化产业发展推介中心,是维护伦敦创意产业与文化产业发展的专业性支持机构,其宗旨是为有需要的个人和组织提供最佳和最易获得的服务。该机构提供包括产业咨询、组织架构、战略规划、市场支持、融资指导、培训指导、相关信息的出版和传播、推动产业网络建设、供应链和产业集群发展在内的全方位的基本服务。

(二)专业化的技术服务平台

由于创意产业所涉及的产业范围较广,而且不同的领域对技术的要求、设备的使用都不相同,所以各类专业化的技术服务平台得到政府的普遍重视。专业化的技术服务平台提供的服务通常比较有针对性,内容也十分全面,涵盖了创意企业所需要的各类技术服务。如上海杨浦区知识产权园区为创业者提供专利项目评估策划、专利项目投资、市场拓展、专业培训、代理工商登记、代理税务纳税申报、代理会计记账等各类服务。

公共信息服务平台也是政府为创意企业提供基础服务的重要内容，主要为创意企业提供完整、权威、实时更新、现代化的信息检索、查询服务，包括各类专业数据库、政策信息、投融资信息、市场动态等。

二、交流展示平台

交易展示平台是政府为创意产品在市场上销售与推广而提供的一个机会，这个机会有时是定期的，有时是长期的。一些国家既为创意企业提供长期的机会，也定期举办活动制造机遇，将二者结合起来促进创意产品在市场的流通。以创意产品为中心举办的各种展览活动是常见的交流展示平台，这类平台的影响力一般都很大，而且既有强大的集聚功能，也有突出的辐射功能，提供更多的机会使创意产品与服务被消费者接纳。

三、创业孵化平台

创意产业中的主要力量是中小企业，不像传统产业以大中型企业为主要力量。中小企业具有"船小好调头"的优势，而且创新能力也较强，运营模式较为灵活。中小型创意企业的员工数量本身就不多，对创意产品的构思、生产只是少数人的工作成果，需要政府通过有效的培育来促进中小企业创意产品的市场化流通。创业孵化平台刚好具有这种功能，政府建立这一平台为中小企业开拓市场、完成产品推广提供了良好的机遇。

不管是我国还是国外，政府普遍重视对综合性孵化平台的建设，即创意产业孵化器，在这方面的建设与创意产业园区通畅是密不可分的。这一公共服务平台具有提供场地、办公环境、通讯设施、网络资源、生产基地、研发环境等功能，中小企业借助这些资源而进行创意产品的生产与开发，获得了政府资金、法律、政策、培训等多方面的支持，这样中小企业承担的风险就降低了，而且投入的经济成本也减少了，大大促进了中小创意企业成功率的提升。这个政策对处于起步阶段的中小型企业更有帮助，能够引导这类企业在正确的道路上逐步成长、壮大，实现近期目标，进而实现宏伟目标。

新时期创意产业发展理论研究

四、融资信贷平台

资本是创意产业发展的重要因素，信贷融资平台是政府为创意企业提供金融服务的重要平台。国内外创意产业的专业融资信贷平台多种多样。例如，在创意产业发达的英国，创意企业更容易获得融资。企业自律为创意产业融资创造了相对宽松的经济和法律环境，政府为符合一定条件的创意企业提供优惠税收政策，政府通过直接融资和政府担保支持创意产业的发展。

创意产品的生产不仅需要一定的成本，还需要制造、营销过程。创意产业中的中小企业往往缺乏资金，因此有必要向其注入风险资本。创新创业投资也是政府支持创意产业发展的主要融资经验。

第八章　山东文化创意产业的发展与国际化策略

在全球化和数字化的时代背景下，文化创意产业成为推动经济增长和社会进步的重要引擎之一。山东省以其丰富的文化资源和深厚的历史底蕴，逐渐崭露头角，成为引人注目的文化创意产业发展之地。本章从山东丰富的文化资源禀赋出发，深入探讨文化创意产业的发展现状、成就与挑战，并提出了一系列切实可行的对策。

第一节　山东文化资源赋能文旅产业发展

一、山东文化资源禀赋与发展

（一）山东文化资源禀赋

山东，又被称为齐鲁大地，是中国历史上表现最优异、最先崛起的文化中心之一。这片土地涌现出一大批至今仍对中华文化乃至世界文化产生影响的文化巨子，如孔子、孟子、管子、曾子、孙子、墨子等，他们的贡献在中华文化中可谓举足轻重。孔子和孟子的家乡，素有"礼仪之邦"的美誉。历经岁月沧桑，山东文化成为中国文化的一个缩影，代代相传的文化典籍、历史名人、民俗传统等皆彰显出山东的独特魅力。

山东的历史文化资源令人瞩目，其中拥有诸多历史文物和古迹。泰山作为世界自然文化双遗产，千百年来吸引着各代帝王和文人雅士前来登临朝拜。孔庙、孔府、孔林则是中国历代纪念孔子的重要场所，其以丰厚的文化积淀、悠久的历史和丰富的文物珍藏而著称。此外，山东还拥有丰富的非物质文化遗产，其中包括民间文学、民间表演艺术、民间美术、传统手工技艺等,丰富了山东的文化底蕴。

山东历史上涌现过许多著名人物,他们的思想和贡献为齐鲁文化增光添彩。山东还孕育了许多伟大的政治家、思想家、军事家、文学家等,他们的成就让山东成为一个灿烂的文化花园。

山东自然文化资源同样丰富多彩,泰山、崂山、蒙山等山脉壮美雄奇,泉水资源丰富,济南更是以"泉城"而闻名。海洋文化在山东海岸线和岛屿之间绽放光彩,道教圣地和抗倭遗址等更增添着历史的厚重。

革命文化是山东文化中的重要组成部分,山东人民在中国共产党的领导下艰苦奋斗,涌现出了许多英雄事迹,成为激励人们前进的动力。

山东的文化资源具有历史悠久、特色鲜明、丰富多样等特点,它不仅是历史的见证,更是未来发展的基础。这些瑰宝构成了山东文化的宝库,为我们提供了深刻启示,激励我们传承山东的独特文化,让其在全球文化舞台上绽放新的光芒。

(二)山东文化资源发展

1. 山东传统文化资源的价值剖析

山东传统文化资源拥有丰富而多元的内涵,凝结着历代人们的智慧和思想,因此具有宝贵的价值。

首先,传统文化作为人类智慧的结晶,承载着历史的沉淀和智慧的积累。这些传承下来的思想观念和价值观为现代人提供了宝贵的借鉴和启示,帮助塑造个人和社会的认知方式与行为准则。

其次,山东传统文化为价值观念的形成提供了坚实的基础。价值观是人们判断事物重要性、道德准则的核心,而传统文化正是这些价值观念的源头。通过承袭前人的道德观念和行为规范,这些价值观在现代社会仍然具有重要的指导意义,有助于维护社会和谐与稳定。

再次,传统文化也是丰富的文化遗产的来源之一。山东作为一个历史悠久的地区,拥有丰富多彩的传统文化遗产,涵盖了传统节日、戏曲、习俗、手工艺等。这些文化遗产不仅见证了该地区的历史变迁,更是世界文化遗产的重要组成部分。保护和传承这些遗产,有助于维护地域文化的多样性和独特性,也为后人提供了宝贵的文化资源。

最后，山东传统文化资源是文化产业发展的重要基础。将传统文化转化为文化资本，可以推动文化产业的繁荣发展，创造更多的就业机会，同时也为经济增加了新的价值。文化产业的兴起促进了文化与经济的有机结合，传递了文化内涵，带来了经济效益。

综上所述，山东传统文化资源承载了丰富的思想和智慧，为价值观念的形成提供了基础，是文化遗产的重要组成部分，并且对文化产业的发展具有推动作用。保护和传承这一宝贵的传统文化，有助于维护地域文化的独特性，推动社会的进步，以及促进经济的繁荣。

2. 重新认识山东文化资源的功能与价值

重新认识山东文化资源的功能与价值需要摆脱传统思维的束缚，充分利用文化创意和创新的力量。传统文化资源虽然是宝贵的财富，但单纯依赖它并不足以使一个地区在文化领域崭露头角。

首先，强调创意与创新的重要性。传统文化资源是一种优势资源，但固守在传统中过于死板，可能阻碍思维的活跃和创新的产生。我们需要以开放的思维，结合现代知识、智慧、创造力和创新精神，将传统文化资源转化为与时代相契合的创意产品，从而推动文化产业的蓬勃发展。

其次，需要选择合适的文化资源进行产业化。并非所有文化资源都适合产业化，因此需要明确选择那些能够通过产品物态化、满足现代人审美和消费需求的文化内容。这样的选择需要明智的取舍，以确保产业化的文化产品能够在市场上取得成功。

再次，产业化的着眼点在于"产业"。文化产业化的目标在于将文化资源商业化，推入市场，追求经济效益。但与一般产业不同，文化产业具有独特的精神和文化属性，能够提升人的思想境界。因此，在产业化的过程中，必须保持文化产品的质量与文化价值，注重精品制作，避免过度追求经济利益而忽视社会效益。

最后，强调文化与市场的互动关系。文化产业与市场经济紧密相连，文化产品是不同国家和民族之间文化传播和交流的重要媒介。优质的文化产品可以提升一个国家的文化软实力，为文化产业的繁荣发展提供推动力。文化产业与市场相互依存的关系使双方能够相互促进，实现双赢。

总的来说，重新认识山东文化资源的功能与价值需要实现文化创意的转化与创新，选择适合产业化的文化内容，注重文化产品的高质量与文化价值，使文化产业与市场相互融合，从而推动山东文化产业的可持续发展。

3. 山东多样化文化资源发展原则

山东文化资源的多样化发展需要遵循一系列原则，以确保文化产业的创新、可持续性和蓬勃发展。这些原则涵盖了资源与创意的平衡、政府引导与市场化的结合、开放与融合发展、可持续发展和科技与数字化应用。

第一，资源与创意并重原则强调传统文化资源与创意的相互促进。不仅要充分利用山东独特的文化资源优势，还要通过创意的引领和创新的推动，将这些资源转化为具有现代感的创意产品，以推动文化产业的发展。

第二，政府引导与市场化相结合原则强调在文化资源开发中政府和市场的双重作用。政府的支持和引导可以为文化产业提供政策支持和资源保障，而市场化运作则可以激发文化产业的创新活力，促进市场需求的满足。

第三，开放与融合发展原则强调将山东文化资源开放、融合到更广阔的范围中。这不仅包括吸收外来文化元素，也涉及与其他地区、国家进行文化交流与合作，实现优势互补，创造出新的文化产品和体验。

第四，可持续发展原则强调在文化产业发展中注重经济、社会和生态效益的平衡。保护文化传承与创新、保护生态环境、关注社会公平与和谐，都是可持续发展的要求。

第五，科技与数字化应用原则强调在数字化时代充分利用科技手段。数字化应用可以将传统文化资源转化为多样化的数字产品，同时提高文化产业的管理效率和创意应用。

综上所述，山东文化资源的多样化发展需要遵循资源与创意并重、政府引导与市场化相结合、开放与融合发展、可持续发展和科技与数字化应用等原则。通过合理应用这些原则，山东文化产业可以实现创新发展，为地区经济和社会进步作出积极贡献。

4. 正确理解和处理文化资源保护和开发的辩证关系

文化资源保护和开发既相互关联又存在矛盾。它们是互相关联的，就像鱼和水一样，互相依赖。保护是为了更好地开发利用，就好比我们得先把家里的花草养好，才能欣赏到美丽的花园。文化资源是文化产业的基础，如果不好好保护，它就会受损，影响到开发利用。而开发又反过来促进保护，通过开发我们可以获得经济收益，经济收益可以用于保护资源，就像我们利用卖花的钱来打理花园一样。

然而，开发和保护也存在矛盾。开发过程中，可能会对文化资源造成一定程度的破坏，就像挖宝藏可能会损坏宝藏一样。有些旅游开发可能导致游客涌入过多，超过资源的承载能力，这就像我们的花园被太多人踩踏，导致花草受损。而且，一些盲目的开发可能造成资源浪费和环境污染，就像我们的园子被乱扔垃圾一样。

正确处理文化资源保护和开发的关系就像是照顾自己家的花园一样。首先要注重保护，让花草健康成长，让文化资源得到良好的保护。然后要进行合理的开发，比如精心规划园子，提供观赏设施，吸引更多人赏花。但是要避免过度开发，防止花园过度拥挤，破坏资源的完整性。最终目的是让花园的美丽保持长久，同时让人们都能欣赏到它的美丽。

在山东省，我们要重视文化资源保护，像爱护自己家的宝贝一样，保护好我们的文物和非物质文化遗产。同时，要科学规划，合理利用资源，不搞过度开发，确保它们能够持续发展，为齐鲁地区的经济和文化发展增光添彩。

二、山东文化创意产业的发展定位

（一）将文化创意产业发展成为支柱产业

1. 文化创意产业成为山东经济社会发展新的增长点

文化创意产业在山东地区成为经济社会发展新的增长点。这一趋势的实现需要跨越传统产业的界限，以"创意"为驱动，将传统文化产业升级和转型，同时与现代先进制造业相融合。科技创新在其中扮演着关键的角色，推动开发适应时代特征的新文化产品和经营方式。

首先，山东应致力于提升传统产业的内容制作能力，如图书报刊、广播影视和艺术演出等。同时，还需要大力发展动漫游戏、广告会展、文化娱乐、旅游休闲等创意领域，推动生产性文化创意产业的发展，涵盖工业设计、软件设计、建筑设计等。

其次，山东省需要培育高科技、高附加值的新兴文化产业，特别是要支持高科技重点产业和项目。这需要引进和发展核心技术，如数字技术、网络技术和安全播出技术等，推动文化载体的信息化、数字化、网络化建设。数字内容产品的开发也至关重要，要融合多种媒体形态，扩展数字产品的市场空间。同样，要加强宽带通信网、数字电视网和下一代互联网的建设，以实现信息服务的宽带化、个性化、智能化。

最后，可以将山东省丰富多彩的民俗文化资源作为发展重点。通过文化创意，结合流行文化元素，创造有山东特色的新民俗文化产品，推动"齐鲁风"新民俗文化潮流的形成。同时，建立非物质文化遗产档案和数据库，举办非物质文化遗产项目的展览和演示活动。通过数字化技术，可以开发和宣传山东的非物质文化遗产，实现优秀传统文化资源的产业化经营。对传统民族节庆活动也可以进行多媒体形式的产业开发，推出更多具有地方特色的文化产品和品牌服务，建立齐鲁文化礼仪范式和服务标准体系。

综上所述，文化创意产业在山东的崛起，依靠的是创新和多样化的发展战略。通过开发内容产业、培育新兴产业和发展民俗文化产业，山东可以将传统文化资源和现代创意融合，从而为经济社会发展带来新的增长点。

2. 优化文化产业结构和空间布局，打造文化产业集聚区

山东省将优化文化产业结构和空间布局，打造文化产业集聚区，以推动文化产业的发展。

首先，根据山东省的特色和发展战略，要制定好文化产业发展规划。在空间布局上，要建设东、中、西三个文化产业集聚区，分别聚焦不同文化特色。比如以济南为中心的山泉文化产业集聚区，以青岛为主的海洋文化产业集聚区，以济宁为中心的儒家文化和运河文化产业集聚区。这样有利于发挥各地区的特长，形成有特色的文化产业集群。

其次，要优化文化产业的层次结构。重点发展数字广播电视业、新闻出版业、影视剧制作业、演艺业、动漫产业、文化旅游业、体育产业、广告会展业等文化产业。同时，要注重发展民俗文化产业，将非物质文化遗产融入文化产业发展，打造具有地方特色的文化产品。

最后，要推动大型文化产业集团的组建和发展。通过整合资源，培育优质企业，打造一批具有自主知识产权和创新能力的大型文化产业集团，使文化产业的规模和集约化水平提升。这有助于推动整个产业规模的壮大和竞争力的增强。

综上所述，山东省将通过优化文化产业结构和空间布局，发展特色鲜明的文化产业集群，推动文化产业成为经济社会发展新的增长点，为山东省的经济繁荣和文化传承贡献力量。

（二）积极引导和发展文化消费

在促进文化产业发展的过程中，积极引导和发展文化消费是至关重要的。

首先，培养文化消费主体，提高文化消费的自觉性。政府和文化产业可以通过多种宣传手段，强调文化消费对个人和社会的积极影响，从而培养公众的文化消费意识。家庭和学校也需要发挥重要作用，通过教育培养人们的文化素质，增强对文化消费的认知。

其次，研究大众文化趣味，提供适销对路的、娱乐性强的文化产品。了解大众的文化偏好和需求是关键。文化产业应根据市场需求，开发娱乐性强、受众广泛的文化产品，如娱乐影视、流行音乐、通俗文艺、时尚报刊、商品广告、时装表演和电脑游戏等。但是，在追求娱乐性的同时，也要保持一定的审美水准和文化品位，避免媚俗和低俗。

再次，降低文化产品的价格，提高人们的收入水平，扩大文化消费空间。政府可以考虑实行文化产品价格优惠政策，同时采取措施提高民众的收入水平，以提升人们文化消费的能力和意愿。政府还可以适度补贴文化产业，鼓励创作和生产优质的文化作品，以提供更多高质量的文化产品。

最后，加强知识产权的保护，增强版权保护意识，建立健康顺畅的文化消费链条。良好的知识产权保护环境对文化产业的发展至关重要。政府应制定和完善相关法律法规，同时加大执法力度，打击盗版和侵权行为。同时，通过广泛的宣传和教育，增强生产者和消费者的版权保护意识，让尊重知识产权成为社会的共识，从而建立健康顺畅的文化消费链条。

通过以上四个方面的努力，可以有效地引导和发展文化消费，促进文化产业的繁荣与发展，提升公众的文化素质和生活品质。

（三）扩大对外文化交流，开拓国际文化市场

在促进文化产业发展的过程中，扩大对外文化交流，开拓国际文化市场是一项重要的战略。

新时期创意产业发展理论研究

第一，通过孔子文化品牌带动战略，政府可以组织高水平的对外文化交流活动，重点聚焦于孔子文化，包括举办主题论坛、文化展演、图书交流、节庆活动等，从而深入研究、挖掘和传播孔子文化。与此同时，与世界范围内的孔子学院建立合作关系，提高孔子文化在国际上的知名度和影响力。

第二，推出文化"走出去"战略，可以引入一系列山东省特色的文化交流项目，如杂技巡演、戏曲服饰展演、齐鲁文化海外行等，与国际友好省州和城市加强交流。这有助于引进优秀的文化演艺项目，推动山东省的文化产品走向国际市场。

第三，打造对外文化贸易品牌，利用山东丰富的历史名人、文化名城和非物质文化遗产，推出更多具有地方特色的文化产品和服务。重点拓展周边国家和欧美发达国家市场，支持文化产品如演出、展览、影视剧、出版物等出口。同时，也鼓励新兴文化产品如动漫、电子出版物进入国际市场，加强与国外出版业的合作。

第四，培育外向型骨干文化企业，鼓励国有文化企业在对外文化贸易中发挥主导作用。同时，培育具有竞争优势的外向型文化企业和企业集团。政府可以建设"国家文化产品出口基地"，积极成立对外文化中介机构，推介中国文化产品。

第五，提供资金和政策支持，政府可以通过财政贷款贴息、利用中小企业国际市场开拓资金等形式，对符合条件的文化企业的国际市场开拓活动给予支持。同时，出台有利于文化产业对外交流和合作的政策，为文化企业的国际化发展创造良好的环境。

综合实施上述措施，山东省文化产业将更好地走向国际舞台，提高文化产品的国际竞争力和影响力，同时促进山东省文化产业的繁荣与发展。

第二节　山东文化创意产业发展现状与对策

一、山东文创产业政策外部保障

近年来，山东省文化创意产业发展取得了显著的成就。政府出台一系列促进文化产业改革与发展的政策，为文化创意产业的发展提供了有力支持，也推动了经济社会的进步。

（一）文化战略规划

在我国国民经济和社会发展的第十四个五年规划时期（2021—2025年），山东省文化和旅游厅制定了"1+8"规划体系，为文化和旅游业的发展提供了明确的指导思路和重点任务。这一规划体系强调了文化和旅游的融合发展，旨在挖掘山东省独特的文化资源，推动两个产业的深度融合，以打造富有特色、吸引力和影响力的文化旅游品牌为目标。

在"1+8"规划体系的指引下，山东省文化和旅游厅将通过以下六个方面的工作来推动文化和旅游的融合发展：

（1）发展布局融合：通过建设红色文化旅游基地和优秀传统文化旅游基地，引领文化旅游的发展。此外，通过建设国际化旅游城市、特色旅游城市和知名旅游城市，将形成新的文化旅游发展格局。

（2）产品业态融合：将文化资源与旅游业态有机结合，开发城市旅游、乡村旅游、海洋旅游、红色旅游、工业旅游、康养旅游、研学旅游等多样化产品，构建全域文化旅游产品体系。

（3）市场主体融合：通过支持文化和旅游企业的跨区域和跨行业发展，培育文化旅游企业集团，促进市场主体的空间集聚和融合发展。

（4）公共服务融合：协同推进公共文化服务和旅游公共服务，建设文化和旅游综合服务设施，提升旅游公共设施的文化内涵，创造主客共享的文化和旅游新空间。

（5）交流合作融合：强化与"一带一路"沿线国家和重点境外客源市场的合作，通过多渠道、立体化的宣传推介，讲述山东故事，推动文化和旅游的对外交流与合作。

（6）品牌形象融合：构建"好客山东"品牌体系，整合品牌宣传与精神文明建设、诚信山东建设、营销环境建设等要素，提升品牌的影响力。

通过这些措施，山东省文化和旅游厅旨在实现文化和旅游业的高质量发展，为开启全面建设社会主义现代化新征程作出贡献，同时也为山东省的社会经济发展和文化繁荣注入新的活力。

（二）文化体制改革

山东省在文化体制改革方面取得了显著的成效，通过出台一系列政策文件，扫清了文化产业发展的体制机制障碍，为文化创意产业的发展提供了有力支持。

重塑国有文化市场主体，解决了国有文化事业单位转企改制问题。通过倒排工期、制订路线图、时间表和任务书，山东省按时完成了改革任务，提高了文化市场主体的活力和效率提升。

另外，构建充满活力、富有效率的文化宏观管理体制也是文化体制改革的重要目标。山东省在此方面采取了"收指为拳"的措施，整合文化行政管理机构，整合文化市场执法职能和执法队伍，成立文化市场综合执法机构，有效解决了职能交叉和管理缺位等问题。

这些改革举措显示出强大的威力，为山东省文化创意产业的跨越式发展提供了内在动力。文化体制改革使得文化管理者胸襟开阔、视野放宽，大胆探索跨媒体、跨行业、跨地区、跨所有制的文化经营模式，与外省联合，拓展文化发展新优势、大优势。

综合来看，山东省文化体制改革为文化创意产业的发展奠定了坚实基础，为文化产业的繁荣作出了积极贡献。随着改革的深入推进，相信山东省的文化产业将继续展现出蓬勃的发展势头。

（三）具体法规

近年来，省委、省政府高度重视文化创意产业发展，先后在文化旅游、文化科技、文化金融等方面出台了一系列政策措施，比如《山东省歌舞娱乐场所营业性演出活动管理办法》《山东省音像制品分销管理办法》《山东省演出经纪机构管理暂行办法》《山东省营业性演出管理暂行办法》《山东省演出经纪机构管理暂行办法》等。

产业规模持续壮大，新业态、新模式、新动能加速成长，为加快实现文化强省目标迈出坚实步伐。2021年，全省文化产业向好向优发展势头良好，全省规模以上文化企业数量达到2782家，实现营业收入6152.4亿元，比上年增长24.4%，高出全国8.4个百分点；两年平均增长15.8%，高出全国6.9个百分点。

近期，省委宣传部、省文化和旅游厅会同省委网信办、省发展改革委等20个部门单位，起草印发《关于推动文化创意产业高质量发展的若干措施》，这是山东提升文化创意产业核心竞争力、推动高质量发展的重要举措。

《若干措施》由发展目标、重点领域、重点举措、支持政策和组织实施五个部分组成。

发展目标部分，明确了积极培育文化产业新动能、新业态、新技术、新模式，对到 2025 年全省文化企业、园区、平台、规模以上文化企业营业收入和文化产业增加值总量等提出了具体增长目标。

重点领域部分，立足我省发展基础和优势，加大力度培育发展文化创意产业十大重点领域，即山东手造、创意设计、文化智能制造、影视创意、网络视听、动漫游戏、数字演艺娱乐、文化会展、数字出版与绿色印刷、研学文旅，每个领域都明确了责任单位和到 2025 年该领域规模以上文化企业年营业收入的具体目标。

重点举措部分，坚持创新驱动，突出要素集约，提出在数字战略带动、区域战略带动、园区基地带动、公共平台带动、头部企业带动、高端人才带动等 6 个方面靶向施策，力求巩固现有基础、发展潜力优势、突破薄弱环节、补齐发展短板。

支持政策部分，主要从要素保障、资金奖补、税收优惠、基金撬动、金融支持等 5 个方面提出 18 条有针对性的"干货"政策。

组织实施部分，落实省委关于全面推行产业链"链长制"的要求，提出构建文化创意产业重点领域"六个一"推进模式，确保工作有效落实，形成齐抓共管的良好格局。

下一步，山东将锚定"走在前列、全面开创""三个走在前"的目标，进一步深化文化体制改革，完善文化产业规划和政策，以文化创意、科技创新、产业融合催生新发展动能，提升产业链现代化水平和创新链效能，不断健全现代文化产业体系和市场体系，为新时代现代化强省建设作出更大贡献。

（四）财政支持

山东省在文化创意产业发展中采取了多种财政支持措施，旨在引导社会资金投入文化产业，并促进产业的健康发展。其中，实施了《山东省文化产业发展专项资金管理办法（试行）》，该办法明确了专项资金的支持对象和重点支持范围，通过项目补贴、股权投资、贷款贴息和奖励等方式进行扶助。同时，山东省文化和旅游厅与中国农业银行山东省分行还共同搭建了融资平台，为文化产业发展提供融资支持，优先扶持新兴原创文化产业、特色优势文化产业、民族传统文化产业。

财政支持措施的实施为山东省文化创意产业的发展提供了重要的资金保障，同时也为文化产业的创新和发展创造了更加有利的条件。通过政策引导和资金扶持，山东省文化创意产业在"十四五"时期有望迎来更加蓬勃的发展。

二、山东文化创意产业发展成就与挑战

（一）山东文化创意产业发展成就

山东省的文化创意产业在发展过程中取得了显著的成就，这些成就体现在以下几个方面：

第一，山东在文化创意产业发展中凸显了地区特色，通过明晰的区域布局，打造了东、中、西部文化产业区域的协调发展格局。借助"三区、三园、三带"等战略，不同地区的文化资源得以合理整合，文化创意产业得以发展。

第二，山东省文化创意产业体系基本形成，呈现出优势互补、资源共享、合作竞争、系统完整的特点。通过发展广播电视业、新闻出版业、影视剧制作业、动漫产业等十大文化创意产业，使产业结构逐渐合理化，为文化创意产业的多元发展奠定了基础。

第三，山东省积极推动品牌战略，创建了一系列文化创意品牌，如"山东手造""鲁剧"等，以提升文化产业的知名度和影响力。这些品牌建设为山东的文化创意产业赢得了更多的市场份额和声誉。

第四，山东省的文化产业也逐渐注重创意元素的引入，通过创新和融合传统文化与现代审美，推动文化产业的创意发展。一些项目如泉乐坊和CHINA公社等成功地将创意融入文化产业，进一步激发了产业活力。

第五，山东省文化产业发展还呈现出集团化和园区化的趋势。通过创建示范园区和基地，促进了文化企业的集聚，提升了产业规模，为就业提供了更多机会。

第六，山东省的文化产业与其他省份、国家和地区签署合作协议，实现跨省、跨国合作，文化产业呈现出全球化发展态势。

然而，山东省的文化创意产业在发展过程中仍然面临一些挑战和问题，需要进一步深化改革和创新，以实现更高水平的发展。充分认识问题，采取有力措施，山东的文化创意产业将在未来取得更健康、可持续的发展。

（二）山东文化创意产业发展挑战

第一，创新意识相对薄弱。尽管山东省提出了培育文化产业和提升创意能力的目标，但创新意识在整体社会中的普及率仍较低。许多人对文化创意产业的理解仍停留在传统文化范畴，未能充分认识创意在经济竞争中的重要性，导致创意产业的创意能力受限，无法充分发挥创意在产业发展中的关键作用。

第二，过度依赖现有的文化资源。山东省的文化资源丰富，但过度依赖现有的传统文化资源可能限制新创意的涌现。文化创意产业需要具备开拓和创新精神，不仅要继承传统文化，还要勇于挖掘与创造全新的创意模式，以满足多样化的市场需求。

第三，文化创意产业面临资金不足的问题。文化创意产业是高投入、高风险、高回报产业，需要大量的资金支持。尽管山东省制定了一些财政扶持政策和产业融资政策，但在实际操作中仍然存在融资困难的情况。资金短缺限制了文化创意产业的发展规模和发展速度，也影响了文化创意品牌的知名度。

第四，人才匮乏也制约了文化创意产业的发展。相比其他发达省份，山东省的文化创意人才总量较低，且人才结构存在问题，缺乏新兴技术人才以及潜在的创意人才。人才资源短缺影响了创意产业的创新和发展。

第五，一些文化创意项目在设计时未能充分考虑消费者心理，缺乏强烈的市场意识。在现代市场经济环境中，满足消费者需求是企业成功的重要因素。然而，一些文化创意项目未能深入了解消费者需求，导致产品与市场需求脱节，制约了产业的健康发展。

第六，山东省的知名文化创意品牌相对较少，竞争力不强。尽管"鲁字号"文化品牌在国内具有一定影响力，但在全球范围内，山东省仍缺乏具有广泛吸引力的知名品牌，这影响了其在国内外市场的竞争力。

综上所述，山东省的文化创意产业在发展中面临着创新意识不足、创意资源过度依赖、资金短缺、人才匮乏、市场意识不强以及知名品牌不足等挑战。针对这些挑战，山东可以通过加强创意教育、拓展创意资源、加大资金支持、加强人才培养、深入市场调研和加强品牌建设等措施来促进文化创意产业的健康发展。

三、山东文化创意产业发展的主要对策

文化资源的开发利用是一项长期的工程，要着眼长远，正确规划，科学安排。面对以上挑战，山东省文化创意产业需要增强创新意识，培育人才，加大对创意产业的投资和支持，更加注重市场需求，同时鼓励跨行业合作，以推动文化创意产业的健康发展。

（一）研究文化消费市场，分析消费者需求

研究文化消费市场并分析消费者需求是文化创意产业发展的关键步骤。在这个过程中，以下几点是需要考虑的：

第一，现代社会的生活节奏快，人们面临着较大的压力，因此对休闲娱乐的需求非常强烈。文化创意产业应该思考如何为消费者提供能够缓解压力的产品和服务。这可能涉及娱乐节目、游戏、互动体验等，能够让人们在放松身心的同时感受到快乐。

第二，观赏性非常重要。人们通常会被视觉、听觉体验所吸引，因此，文化创意产业应该注重产品的呈现形式和内容设计。创新的艺术表达和视听效果，可以更好地引起消费者的关注，增强产品的吸引力。

第三，消费者对于参与式和体验式的文化活动有很大的兴趣。在体验经济的时代，人们更愿意亲身参与其中，获得身临其境的感受。文化创意产业可以通过设计具有互动性和参与性的活动，让消费者在活动中得到愉悦和难忘的体验。

另外，年轻消费者特别注重时尚性和新潮感。这个消费群体更愿意追求与潮流保持一致的文化产品。因此，文化创意产业应该紧跟时尚潮流，不断进行创新和更新，以吸引年轻人的兴趣和关注。淄博烧烤之所以这么火，除了丰富的、悠久的饮食文化底蕴，当然离不开创新以及当地的重视。淄博烧烤，频频亮相，吸引了大批食客，打造了"淄博烧烤"这一城市品牌。①

总之，文化创意产业可以通过提供以休闲娱乐为主题的活动、打造观赏性强的文化产品、设计具有体验感和参与性的项目，以及关注时尚潮流并进行持续创

---

① 新京报.淄博一季度GDP同比增长4.7%，餐饮业销售额增长25.2%[EB/OL].(2023-05-08)[2023-08-24]. https://www.163.com/dy/article/I47EDQTV0512D3VJ.html.

新，来满足消费者的需求。通过深入了解消费者的喜好和需求，文化创意产业可以更好地获得市场成功，吸引更多的观众和消费者参与，推动行业的健康发展。

（二）搭建平台，促进文化与旅游融合发展

文化与旅游的融合发展，需要载体来支撑，需要平台来展示。结合实际，统筹考虑，尽快完善文化与旅游融合发展的载体平台。

实施大型文化设施建设工程，强化文化与旅游融合的设施支撑。推动宜居城市向宜游城市转化，按照国家最佳旅游目的地评定标准，加强城市文化旅游基础设施建设，挖掘本地非物质文化遗产，开发历史文化遗存，设计建设一批特色浓郁的文化地标、城市雕塑、艺术建筑，完善提升城市博物馆、图书馆、艺术馆、科技馆、歌剧院、音乐厅等文化旅游设施，改造建设美食一条街、购物休闲一条街等夜间文化生活街区，打造处处是景观、时时可休闲的旅游城市。

推进文化旅游企业融合创新，增强企业主体的支撑力。工业企业可学习借鉴青啤集团、张裕集团将企业文化转化为旅游产品，发展旅游业的经验，充分挖掘企业品牌、管理、科技三大要素中的文化因子，结合自己特有的物质性资源，创造旅游产品，在发展旅游中提升文化软实力，改善边际效益，升华企业文化。文化企业要学会借助旅游这个载体，把文化资源和文化成果，特别是获得"五个一"工程奖的文化精品，转化为旅游产品，创造"外溢效应"。旅游企业要注意研究地域文化，主动与文化产业对接，挖掘和注入特色文化彰显自己的特色，创造新的竞争力。

精心打造文化旅游园区，推动文化与旅游聚集发展。按照规模化开发、空间化集聚的发展思路，以文化旅游资源为载体，进行大策划、大融资、大投入，规划建设一批文化旅游产业园区（基地），发展壮大一批区域性特色文化旅游产业集群。

举办文化旅游节庆活动，搭建文化与旅游融合互动平台。文化旅游节庆活动是文化与旅游充分融合的载体和节点，也是展示地域特色文化、增强区域影响力的重要平台。继续办好孔子文化艺术节、泰山登山节、青岛啤酒节、潍坊风筝节、寿光蔬菜博览会、青岛电博会、潍坊鲁台会等地方性节庆活动，进一步创新山东文博会、"好客山东"贺年会等大型主题活动，使之成为山东聚集文化资源、展示山东形象、繁荣旅游市场的新平台。

（三）创意策划，将齐鲁文化资源予以当代表达

创意是文化旅游的核心，设计是资源产品化的桥梁。加速资源优势向产业优势的转化，加大力度进行创意设计，努力填平文化资源向文化旅游产品转化的鸿沟。

通过创意设计新的文化旅游产品。坚持挖掘、提炼升华文脉，为文化旅游产品注入鲜活灵魂和持久生命力的原则，立足于产品的构思与设计、产业链的构建，充分利用省内外财力、智力，共同创意开发文化资源，不断推出文化旅游精品。重点规划建设休闲度假高端旅游项目，培育发展乡村旅游项目，谋划推出文化支撑项目，提供更多群众喜闻乐见、市场需求旺盛的旅游产品，推动山东文化旅游产品向高质、高端、高效方向发展。

通过创意发展新的文化旅游业态。瞄准文化与旅游相融合的最前沿，用创意改造提升传统文化旅游业态，催生新兴文化旅游业态，着力开发滨海、温泉、湿地、会展、邮轮、体育、养生康体、葡萄酒庄、商务等高端产品。抓住华强集团在山东泰安建设方特欢乐世界、青岛城阳区建设动漫游戏网络基地的机遇，做大做强山东动漫产业和主题公园。建立未来文化遗产的概念，举全省之力打造一批精品项目和文化旅游遗产项目。

通过创意打造新的市场卖点。文化旅游已由原来的产品、服务、管理、品牌营销上升到理念、创意营销，只有以创意的策略，培育品牌旅游才能使其在激烈的市场竞争中脱颖而出。学习美国运通、日本交通公社以及台湾雄狮旅行社、上海春秋国旅、携程网、同程网的经验，充分利用现代信息技术实现全球网络化文化旅游经营，运用信息化技术提升景区、饭店、旅行社等涉旅企业经营管理水平。

在将齐鲁文化资源予以当代表达并实现可持续开发的过程中，采取科学系统的策划方法是至关重要的。

首先，通过综合规划与资源整合，可以深入了解齐鲁文化资源的特点和潜力。考虑地理位置、历史价值、文化内涵等因素，将不同类别的文化资源进行合理分类和整合，以创造更具吸引力和竞争力的综合文化产品。

其次，在策划过程中，应突出特色与创意设计。齐鲁文化资源独特，拥有地域特色和深厚文化底蕴。策划时应强调突出这些特点，通过创意设计将传统文化与现代元素相融合，创造出有趣、新颖的文化体验项目，如在现代演绎古代故事，以吸引不同年龄层次的观众。

跨界合作与区域联动是另一个重要策略。齐鲁文化资源涉及多个领域，可以跨界合作，与旅游、演艺、美食、手工艺等产业合作，创造融合多种元素的文化产品。同时，可以推动区域之间的联动，构建文化旅游线路，吸引更多游客前来体验。

将人们的需求放在首位，以市场导向为指引也是成功策划的关键。了解观众和消费者的兴趣和心理，确保文化产品能够吸引他们的注意力。同时，要根据市场需求定位和开发文化产品，确保其具备市场竞争力。

持续创新和发展是不可或缺的因素。策划过程中需要不断注入创新元素，保持文化产品的新鲜感和吸引力，以适应市场的变化和消费者的需求。同时，宣传和推广也是非常重要的，通过多种渠道和方式宣传文化产品，提高其知名度和影响力。

总之，通过科学系统的策划，结合齐鲁文化的特色和市场需求，可以实现文化资源的有效开发和传承，推动文化产业的可持续发展。策划过程中的综合考虑、创意设计、跨界合作、市场导向、持续创新以及广泛宣传等因素有助于文化产业在不断变化的环境中蓬勃发展。

（四）提高文化产业原创能力，打造创意充盈的文化产品

为了提高文化产业的原创能力，打造创意充盈的文化产品，可实施以下策略和措施：

第一，鼓励创意思维和多元化创作。为文化从业者提供创意激励，建立创新奖励机制，鼓励他们勇于突破传统限制，多样化地表达齐鲁文化。创意基金等激励措施可以激发原创动力，推动更多新颖创意的涌现。

第二，建立文化创意团队。组建跨领域的专业团队，聚集作家、编剧、设计师、艺术家等，促进不同领域的融合创作。这样的团队可以共同开发多样化、富有创意的文化产品，提升产品质量和独特性。

第三，强化文化创意教育也至关重要。在教育体系内加强文化创意教育，培养年轻一代的创造力。在学校设置相关专业或课程，开设创意培训班，培养学生的创意思维和创作能力，为文化产业注入更多新鲜血液。

第四，建立文化产业创意平台是必要的。政府可以建立孵化器或平台，为创

新时期创意产业发展理论研究

意从业者提供合作、交流和展示的机会，促进创意资源的共享和交流，加速创意产品的推出和发展。

第五，引进外部创意资源也是一种有效方法。与国内外优秀创意资源合作，将外部创意与本土文化相融合，创造出新的可能性。开展国际文化交流，吸引国外优秀创意团队，将国际元素注入齐鲁文化中，丰富文化产业创意。

第六，注重市场调研与受众需求至关重要。深入了解市场需求、受众喜好和趋势，将市场需求作为创意产品开发的指引，确保创意产品能够真正满足市场需求，提高市场接受度。

通过以上措施，齐鲁文化产业可以培养和提升原创能力，创造更多创意充盈的文化产品，从而在市场中获得竞争力。这些文化产品不仅能传承和表达齐鲁文化，还能吸引更多人的关注和喜爱，为文化产业的健康发展提供强有力的支持。

（五）推动以传统产业为主向，以高科技与创意为支撑的新型业态的转型，挖掘文化产业新的增长点

要推动山东文化产业的转型升级，从以传统产业为主向以高科技与创意为支撑的新型业态转变，可以采取以下策略：

第一，促进科技与创意融合。促进文化产业与科技产业的深度融合，运用人工智能、虚拟现实、增强现实等高科技技术，赋予文化产品更强的创新性和体验性，例如将文化产品应用于动漫游戏、数字电影等领域，创造更具吸引力的文化内容。

第二，建设数字化平台。建设数字化内容传播平台，如数字出版、网络广告、数字新媒体等，为文化产业提供更广阔的传播渠道和商业模式，促进文化产品的广泛传播和变现。

第三，培养高端人才。加大对文化创意领域高端人才的培养和吸引力度，吸纳科技人才和创意人才参与文化产业的创新与发展，提升文化产业的人才质量和创新能力。

第四，推动跨界合作。鼓励文化产业与其他产业跨界合作，与科技企业、互联网企业、游戏公司等合作，共同创造融合创意和科技特色的文化产品，拓展市场份额和影响力。

第五，发展主题文化产业。充分利用大学城等智力资源，培育创意产业和动漫游戏产业，打造以高科技为支撑的知识型高端产业，为文化产业注入更多创新活力。

最后，提高国际竞争力。将具有国际竞争力的文化产品推向国际市场，积极开展对外文化交流与贸易，拓展海外市场，提高文化产业在国际舞台上的影响力和认可度。

通过以上综合措施，山东文化产业可以挖掘新的增长点，实现从传统产业到以高科技与创意为支撑的新型业态的转型，推动文化产业的创新发展。这不仅为山东经济的转型升级提供新动力，也有助于更好地传承和表达山东丰富的文化资源，增加文化产业的内涵和价值。

（六）推动单打独斗型产业模式向集群战略、合作团队的转型

要推动文化产业从单打独斗型产业模式向集群战略和合作团队转型，可以采取以下措施：

第一，建设文化产业集群。通过政府引导和产业规划，将相关的文化产业企业和机构聚集在同一地区形成集群，实现资源共享和协同发展。政府可以提供支持，促进企业之间的合作与交流，从而提升整个集群的竞争力。

第二，资源整合是实现文化与旅游融合发展的关键。将山东丰富的文化资源整合到旅游行业，通过政府推动和市场运作相结合，实现不同所有制和地域间的资源整合，打造更具规模和影响力的文化旅游产业。

第三，鼓励企业之间建立合作关系。促进文化产业企业合作开发项目、共享资源和共同营销，从而形成利益共同体，推动整个产业链的协同发展。政府可以提供支持和激励，促使企业更加积极地参与合作。

第四，建立文化创意产业园区也是重要的一步。政府可以划定特定区域，为文化创意产业提供优惠政策和服务支持，吸引企业入驻，形成产业集群。在这些园区内，企业可以互相合作，共享资源，从而加速产业的发展。

第五，政府还可以提供培训支持，帮助企业提升管理水平和创意能力。此外，引导金融资本参与文化产业的投资与融资，有助于解决企业的资金问题，促进产业的规模扩大和创新发展。

通过上述综合措施,可以有效推动文化产业从单打独斗型模式向集群战略和合作团队转型。有助于提升文化产业的整体竞争力,实现规模效应,促进文化产业的持续健康发展,同时也能更好地传承和表达山东丰富的文化资源。

第三节　山东文化创意产业人才培养

一、文化创意产业与高校人才培养的互动关系

(一)我国高校文化创意产业人才培养

培养中国高校的文化创意产业人才,主要有两种途径:一种是通过文化产业管理专业培养产业链上的管理人才,他们在文化创意产业中负责策划和管理工作。这类人才被称为"创意专业群",他们在 Richard Florida 的创意阶层理论中属于创意职业阶层。另一种是通过艺术类专业培养产业链上的创意人才,他们在文化创意产业中从事具体的创意工作。这类人才被称为"创意核心群",他们在 Richard Florida 的创意阶层理论中属于超级创意核心层。

这些培养途径的学科设置在中国高校中有一定的交叉性。文化产业管理专业可以归属于管理学门类,也可以归属于艺术学门类,艺术类专业则包括艺术学理论、音乐与舞蹈学、戏剧与影视学、美术学和设计学等。

许多高校在培养文化创意产业人才时,会根据自身特色和资源的不同,强化某些专业的建设。例如,一些高校在传统理工科的基础上,加强了媒体、设计和创意专业的人才培养。同时,一些高校也将文化产业管理与经济学、艺术学等学科结合,形成多元化的教学体系。

总的来说,文化创意产业人才培养在中国高校中是多样化的,涉及管理和策划以及创意方面的培养。这种多样性有助于满足不同领域文化创意产业的人才需求,推动文化产业的发展。

(二)现行培养方式

目前,中国高校在文化创意产业人才培养方面以实践教学为主要方式。包括项目引导教学、工作室教学和订单式培养。

1. 项目引导教学

学生通过参与实际项目的模拟教学和实践，培养创新意识和实际工作能力。教师与学生共同学习，学生在项目中扮演项目组成员或负责人的角色，了解工作流程和社会需求。这种教学方式有利于学生就业和创业意识的培养。

2. 工作室教学

工作室模式是项目引导教学的基础，学生在工作室中通过项目合作与分工，感受专业实践氛围，提高学习动力和主动性，培养合作与竞争能力。工作室的管理方式类似于企业，让学生更贴近实际工作环境。

3. 订单式培养

高校与相关企业或单位共同制定人才培养计划，确定联合培养方案，并共同调配师资。合作企业为学生提供实习和就业机会，参与实践教学，指导学生。这种合作模式让学生提前了解产业现状和前景，并为学生提供更多实践机会。

这些培养方式帮助学生与社会需求接轨，提高实际工作能力，培养创新和合作精神，有助于他们在文化创意产业中找到就业机会并发展自己的职业。

（三）培养类型

1. 文化创意产业管理人才培养

培养出适应文化创意产业需要的人才是一个综合性的挑战，需要高校、企业和政府的共同努力。

（1）多方面能力的培养

文化创意产业管理人才不仅需要懂艺术创作，还需要懂技术管理、金融操作、法律咨询以及市场运作。这就像一条链条，各个环节都紧密相连，而文化创意产业管理人才就是连接这些环节的重要一环。他们需要懂得怎么把创意变成实际的项目，如何找到资金支持，了解法律规定，还要了解市场需求。这就要求培养出一个全面发展的人才，兼具创意性和管理能力。

（2）学科设置和教学问题

很多学校在文化产业管理专业的设置和教学方法上存在问题。一方面，有的学校不确定应该把这个专业划归到哪个学科，导致学科定位不清晰，专业培养体系也不完善。另一方面，有些学校在教学中强调理论，却缺乏实际操作和训练，导致毕业生在实际工作中遇到困难。

（3）师资力量的不足

由于文化产业管理是一个新的领域，高校中的专业教师相对较少，有些教师是从其他领域过来的，可能在实际应用和市场了解方面相对不足。这就影响了教学质量，学生很难获得真正有用的知识。

（4）理论研究的不足

关于文化创意产业的理论研究还不够深入。我们需要更多的研究来深入理解文化对人的重要性，以及如何更好地支持文化创意产业的发展。

要解决这些问题，高校需要在很多方面进行调整。首先，课程设置应该更加贴近实际需求，不仅要教理论，还要注重实践操作。其次，高校需要吸引更多有实际经验的从业者来担任教师，保证教学内容的实际性和时效性。此外，学校还应该鼓励学生参与实际项目，培养他们的实际操作能力。最后，高校可以与企业紧密合作，了解市场需求，调整教学内容，以更好地培养出适应文化创意产业发展的人才。

2. 文化创意产业创意人才的培养

文化创意产业创意人才的培养是文化创意产业发展的关键环节。这种人才在文化创意产业中具有至关重要的作用，因为他们是创新、创意的源泉，推动着文化创意产业不断前进。在培养这类人才方面，高校和艺术院系发挥着核心作用。然而，目前存在一些问题，需要我们深入探讨。

首先，我们应认识到文化创意产业与艺术教育的紧密结合。文化创意产业旨在将艺术、技术、商业等领域有机结合，因此，在培养创意人才时，需要将这些元素融入教育体系。虽然文化创意人才的培养不仅仅限于高校，但高校作为主要培养基地，应确保课程内容既涵盖专业艺术知识，又包括技术、商业等方面的培养，使学生能够跨足不同领域。

其次，当前高校艺术教育存在的问题是培养体系不能适应市场需求。很多高校的培养目标过于狭窄，更注重传统艺术技能的传授，而忽视了创新思维和多元技能的培养。由于文化创意产业的多样性和快速变化，培养出的人才需要具备跨领域合作、创新能力和市场洞察力。因此，高校应该重新审视课程设置，增加与现实产业需求更贴近的课程内容。

再次，培养模式需要进行更新和改进。传统的培养模式可能过于注重传授知识，难以激发学生的创造力和创新思维。艺术人才需要在实际操作中培养创意，因此，高校应该加强实践教学，鼓励学生参与真实项目，从而锻炼他们的创作和解决问题的能力。

最后，跟上时代步伐是关键。文化创意产业发展迅速，高校应该与时俱进，及时了解产业趋势和需求。培养创意人才需要了解新兴技术、新领域的融合，因此，高校教育需要调整思维方式，培养学生具备适应未来发展的能力。

总之，文化创意产业创意人才的培养是一个复杂而关键的任务。高校在这方面扮演着核心角色，需要调整培养目标、课程设置和教学模式，使学生既能够在艺术领域获得扎实的基础，又能够在文化创意产业中发挥创意和创新的作用，从而为行业的可持续发展作出贡献。

二、我国高校文化创意产业人才培养路径

高校肩负着培养文化创意产业人才的重要使命，其中艺术人才被视为这一产业的核心。关于培养何种艺术人才，实质上是要造就那些能够在国际舞台上与世界对话的人，能够透过作品传达中国核心价值观，以简洁的艺术手法阐述复杂的中国故事，并具备独立的人格特质。在已有的工作室、项目引导和定制式培养等方式的基础上，提出了以市场需求为引导的人才培养方法。在市场经济环境下，根据企业运作机制和规律，借助通识教育引导培养理念，以艺术学科为核心构建跨学科人才培养机制，以产学研协同创新完善人才培养链。这些措施旨在明确规划文化创意产业核心人才的特质，重构教育体制机制，改变传统的"技术优先、能力次之"的模式，逐层分级培养具备"道"（人文内涵）、"艺"（艺术）和"技"（艺术技能）等多重素养的文化创意产业人才。

尽管市场需求是经济学概念，但高校的艺术教育应以市场需求为导向。这意味着紧追时代发展脉络，将人才培养焦点放在社会实际需求上，将教育的潜能最终转化为生产力，从而促进文化创意产业的繁荣。然而，若艺术教育仅从功利角度追求市场效益，仅寻求短期效益，这种教育方法可能会阻碍文化创意产业的健康发展。因此，在培养文化创意产业人才的过程中，需保持平衡，避免仅追求市场效益而忽视深层的创意、价值和创新。

(一)以通识教育引领文化创意产业人才培养理念

高校在培养文化创意产业人才方面具有重要作用，其中通识教育在引领人才培养理念方面扮演着关键角色。培养理念是培养目标的基础和方向，涉及专业设置、课程规划和教学制度等方面，对人才培养模式有决定性影响。然而，在当前的高校艺术教育中，人文素养往往被忽视，通识教育的价值被弱化。然而，文化创意产业不仅仅关乎经济，更涉及文化的转型，人文素质能够解决实际问题，满足精神需求。因此，将通识教育理念引入文化创意产业人才培养至关重要。

通识教育的核心价值在于整合与沟通，融合人文、社会和自然知识，与文化创意产业的特点相契合。它能展现学生在专业教育之外的个性和才华，强调全面发展。面对现代社会的机械化和功利主义，通识教育有助于人的全面发展，使人具备更深层次的思维方式。在文化创意产业中，艺术家是关键，他们利用作品影响人们的精神生活，决定产业的兴衰。通识教育能够培养这类人才，引导他们在产业中传递积极的价值观，将精神融入作品中。美国的文化创意产业发展得益于通识教育的强力支持，其核心在于培养学生全面发展的素养，这也适用于我国。

然而，实施通识教育并不简单，它需要贯穿整个培养体系。尽管政府和学术精英已经在倡导这一理念，但由于长期受到专业教育的影响，高校内部存在结构性障碍。通识教育需要更多的实践，而不仅仅是理论讨论。它需要被整合到高校的体系中，特别是艺术教育中。艺术教育不能仅仅注重创意和技巧，更应该培养思想、观念和判断力。通识教育能够在培养人才的过程中帮助学生跟上时代发展，把握市场，理解文化创意产业的内涵。通过通识教育，学生能够深入挖掘传统文化，应对产业的变革，传承传统主流文化，最终创造出具有中国特色的现代文化。

总之，通识教育是高校培养文化创意产业人才的要素。它不仅关乎专业技能，更关乎人文素养和全面发展。将通识教育融入艺术教育，能够为创意产业输送更富有创新能力的人才。

(二)以艺术学科为中心构建学科交叉文化创意产业人才培养机制

以艺术学科为核心构建学科交叉的文化创意产业人才培养机制。文化创意产业的发展具有跨界特性，因此，在人才培养中需要运用跨界思维，打破院系和校际的壁垒。这种机制应该包括跨学科的融合，涵盖学科、专业、院系、校际乃至国际层面的合作。

中国高校的人才培养过程常受制于西方模式，导致专业过于细分，院系与专业之间的交叉与融合不足。为了应对文化创意产业的多元性，人才培养应该超越单一专业，以艺术学科为核心，构建交叉的学科体系，与其他学科如哲学、社会学、心理学、管理学等相融合，培养综合性的人才。

传统的教育模式限制了学生的综合素质，而文化创意产业对综合能力有较高要求。这需要建立多元化的师资队伍，鼓励教师跨学科发展，使他们能够更好地培养交叉学科人才。同时，为了打破传统学科界限，需要设立联合管理机构，联合聘用不同专业的教师。

培养交叉学科人才需要有相应的课程体系。传统的课程设置应更加灵活，建立多学科支撑的课程群，让不同领域的知识相互关联，为学生提供全面的素质培养。此外，要构建综合科研平台，打破学科间的壁垒，促进教师间的合作与交流，为培养复合型人才创造条件。

最重要的是转变人才培养理念。文化创意产业需要有创意、综合能力和行业认知的人才。高校应在培养艺术精英的基础上，转变为培养综合型人才，注重跨学科合作，建立产业型人才培养模式。

国外的学科交叉研究已经取得成果，而中国在这方面还有发展空间。因此，为了适应文化创意产业的需求，建立以艺术学科为核心的跨学科人才培养机制是至关重要的。这种机制将为人才培养带来创新与发展，促进文化创意产业的持续壮大。

（三）以产学研协同创新完善文化创意产业人才培养链

产学研合作是高校、产业和研究机构之间相互合作的过程，通过协同作用提升各自的发展潜力。在这一过程中，各方发挥优势，形成研发、生产一体化的系统，推动创新。产学研合作在发达国家有很长的历史，被视为促进社会经济发展的成功模式。然而，在中国，产学研合作起步较晚，存在体制机制不健全、资源分散浪费等问题。

为了完善文化创意产业人才培养链，需要加强产学研协同创新。这意味着高校、科研机构和企业须建立战略联盟,共享资源、共担风险,实现创新合力。信息技术的发展为产业融合带来机会,产学研协同创新可以打破壁垒,实现协作和共享,促进创新资源集聚和价值创造。

特别是在文化创意产业中,产学研协同创新尤为重要。文化创意产业涵盖创意链、生产管理链和市场销售链,需要各环节协同合作。这种产业的培养链不仅传授知识,更强调能力、技能和品格的培养,需要实战经验。产学研协同创新能够将高校的文化创意融入企业的生产价值链,提高产业的文化附加值,推动产业升级。

然而,中国传统的产学研合作主要集中在科技领域,对文化创意产业的支持不够。产学研协同创新能够帮助企业提高创新能力,提升核心竞争力,同时使高校更贴近社会,完善人才培养链。

为了实现产学研协同创新,高校可以构建合作学习课堂,通过项目研究培养学生实践能力,并与企业共同推行项目研究,将学生与实际问题结合。通过工作室、资源引进和制度创新,建立协同创新的战略联盟,促进与企业的合作。

总之,产学研协同创新是促进文化创意产业人才培养的重要途径。通过高校、科研机构和企业的合作,可以实现创新资源的集聚,推动文化创意产业的发展,进而促进经济增长和社会发展。

(四)艺术设计人才是文化创意产业人才的核心力量

在文化创意产业发展中,产学研协同创新是关键,而艺术设计人才在其中扮演着核心角色。产学研协同创新是高校、科研机构和企业合作的重要机制,以推动创新成果转化为产业优势,促进经济增长。然而,当前我国的产学研合作还存在机制不健全、资源浪费等问题,需要进一步改善。而文化创意产业作为重要支柱产业,也需要与其他产业紧密融合,其中艺术设计是不可或缺的一环。

在这一背景下,艺术设计人才的培养变得至关重要。文化创意产业与设计服务的融合决定了产业转型的方向,尤其对制造业的升级至关重要。艺术设计不仅能够赋予产品创新思想,还能将技术与艺术融合,从而实现产品的差异化,满足个性化需求。因此,艺术设计人才成为推动创意产业发展、实现制造业升级的核心力量。

目前，我国的设计人才培养存在失衡问题，设计教育与设计产业的发展不协调，造成设计队伍供需不匹配。解决这一问题需要建立更加紧密的产学研合作机制，以创新教育为基础，注重培养创造力、设计思维以及跨学科的能力。在艺术设计人才培养过程中，设计思维的应用也变得越来越重要，这可以从跨学科碰撞中获得新的突破，为产业转型和发展提供新的动力。

艺术设计人才的培养还需要考虑文化创意产业的需求，尤其是与产业链的完善紧密结合。为了完善产业链，必须注重不同领域不同特点的人才培养，这是培养创意人才的关键所在。同时，应通过设立论坛、开设创意课程、与文化产业合作等方式，促进产、学、研的有机结合，缓解创意人才紧缺的问题。此外，与国外文化创意产业机构进行信息交流以及引进外部创意人才，也能够为本地产业发展带来新的思想和创意灵感。

综上所述，文化创意产业的发展需要产学研协同创新，而艺术设计人才作为核心力量将在其中扮演至关重要的角色。通过创新教育和跨学科思维的培养，能够推动文化创意产业与设计服务的融合，促进制造业升级，实现经济的可持续发展。

第四节　山东文化产业品牌与国际化发展

一、全力打造山东文化产业创意品牌

在知识经济时代，文化与经济紧密相连，促使文化产业不断向经济化转变，同时，经济也逐渐嵌入文化之中。在这个背景下，文化产业成为新的经济增长点，其发展离不开品牌建设。品牌是文化产业走向市场和产业化的必由之路，其中文化品牌在文化产业中扮演着关键角色。

文化品牌的定义包括名称、标识、符号等，旨在识别产品制造商或销售商，使其在激烈竞争中脱颖而出。文化品牌不仅包含基本要素如名称、标识等，还蕴含丰富的文化信息与内涵，能够为消费者提供情感满足、心灵慰藉和美感享受。与普通商业品牌相比，文化品牌具有更多的情感和意识形态属性，可以在商业成功的同时传递文化价值。

山东齐鲁文化品牌是一系列凝聚鲁文化特色的标志性文化产品、活动和服务，反映了齐鲁文化的核心价值观、精神传统等。随着物质生活水平的提高，人们对精神和智慧层面的需求日益增加。因此，鲁文化品牌的成功取决于其独特的文化特色、丰富的内涵，以及对消费者情感和智力需求的满足。在山东省发展文化创意产业的过程中，全力打造齐鲁文化品牌成为重要的战略。

综上所述，文化产业与经济密不可分，文化品牌作为推动文化产业市场化和产业化的重要工具，在满足经济增长的同时，也能传达深刻的文化价值。山东齐鲁文化品牌的建设将引领文化创意产业的发展，满足人们对精神和智慧层面需求的同时，也为山东经济的可持续增长奠定基础。

（一）齐鲁文化品牌建设的成绩与经验

近年来，山东走品牌建设之路，打造具有强大竞争力的文化品牌，以品牌建设提升文化产业，增强文化实力和核心竞争力，文化品牌建设取得长足进步。一大批"鲁字号"文化品牌得到了全国乃至世界的认可。鲁剧、鲁版图书享誉业内，大型电视连续剧《闯关东》在第 24 届中国电视"金鹰奖"评选中夺得 7 项大奖；作为庆祝新中国成立 60 周年重点影片之一，电影《沂蒙六姐妹》获第 13 届"华表奖"优秀故事片奖及"五个一工程"奖；42 集电视连续剧《沂蒙》获第 25 届中国电视"金鹰奖""优秀电视剧奖"殊荣；鲁剧巨制《南下》享誉全国；《大染坊》《孔繁森》《铁道游击队》等影视剧广受好评；"好客山东"文化旅游品牌在全国打响，《大羽华裳》《蔚蓝青岛》《梦海》《蒙山沂水》等旅游演艺品牌，《圆明园》等动漫品牌，杨家埠木版年画等民俗文化品牌，受到市场青睐；山东（国际）文化产业博览会、中国（曲阜）国际孔子文化节、济南国际幽默艺术节、青岛国际啤酒节、潍坊国际风筝会、泰山国际登山节、烟台国际葡萄酒节、临沂书圣文化节、菏泽国际牡丹花会、寿光菜博会、中国江北水城文化旅游节等，成为享誉海内外的文化节会品牌；以沂蒙山为代表的红色文化品牌逐渐发展起来，成为带动山东文化品牌发展的新生力量；达尼画家村成为"中国文化制品七大品牌"之一。各地立足文化资源优势，打造特色文化品牌，亮点频现。如淄博市突出齐文化、足球文化和聊斋文化；德州、滨州在名城保护、文化景观建设上下足功夫；东营从海与河入手，着力打造黄河口特色文化品牌；济宁、枣庄、聊城、菏泽等地实施文化旅游带动，进一步提高运河文化品牌、水浒文化品牌、微山湖文化品牌的知名度，推动文化产业发展。

在当前文化产业的发展中，大型国有文化企业成为该领域的核心力量。这些企业，如大众报业集团、山东广播电视总台和山东出版集团等七家国有文化产业集团，正以其不断增强的实力，成为推动整个文化产业发展的中坚力量。山东省在文化领域积极推进"创意山东"计划，成功打造了多个国家级动漫产业基地，形成了动漫游戏和软件开发的产业集群，还孕育了众多知名的动漫品牌。在此过程中，山东的文化体制改革释放了强大的文化生产力。省委、省政府相继颁布了一系列政策文件，如《关于推动文化大发展大繁荣的意见》《关于深化文化体制改革加快文化产业发展的若干政策》《关于加大工商扶持力度促进文化产业发展的意见》等文件为文化品牌建设提供了有力支持。这些国有文化企业的兴起为文化产业的蓬勃发展提供了强大的支持。以山东为例，它通过"创意山东"计划，成功孵化了一系列有特色的动漫产业基地，并在动漫领域培育了多个广受欢迎的品牌。此外，文化体制改革也是这一成就的关键因素。山东省委、省政府相继出台了一系列政策，这些政策文件鼓励并支持文化产业的发展，为文化品牌的建设提供了强有力的保障。

山东文化品牌建设离不开资金支持。长期以来，资金一直是打造文化品牌、发展文化产业的重要支撑。

山东文化品牌建设依赖于一批市场主体的发展壮大及其市场化运作。近年来，山东一大批经营性文化事业单位转企改制，成为文化市场主体。山东出版集团、青岛出版社、泰山出版社整体转企改制；山东新华传媒股份有限公司、山东大众传媒股份有限公司、山东影视集团有限公司等挂牌成立；济南东港安全印务有限公司、青岛人民印刷股份有限公司通过改制重组成功上市。

这些改制后的文化企业走市场化之路，高层次策划，大手笔运作，着力打造品牌，成为推动齐鲁文化品牌建设的重要力量。比如，临沂市蒙山沂水演艺集团是本着"谁投资、谁受益"的理念，按照"政府推动、社会运作、公司经营"的思路成立的。改制初期，临沂市政府对蒙山沂水演艺集团拨款三年，之后逐步放手，由市场检验。2009年"五一"期间推出的大型水上实景演出《蒙山沂水》就是该集团的重头戏。这部演出由山高水长、地灵人杰、热土情深和印象沂蒙四个部分组成，在整个运作过程中，坚持"文化极品、城市名片和文化大餐"的高点定位。在创作团队上，《蒙山沂水》汇聚了总政歌舞团常务副团长李福祥、著名词作家王晓岭等国内顶尖专家。这些专家，有的参与导演过奥运会开幕式，有的指导过全国春节联欢晚会、全国"七一""八一"晚会。整台演出的主唱、主诵、主舞等都是国内顶尖的专家。同时，为了打造独特的文化品牌，《蒙山沂水》演出采取了一系列策略。不仅在招聘演员方面提供最优惠条件，还汇集了大约一千名演员，展现出宏大的规模。在表现形式上，该演出借鉴了类似《印象·刘三姐》和《禅宗少林》的表现手法，同时融入临沂市的实际情况。借助沂河两岸现代城市景观和水的自然背景，特别是利用沂河中心岛，综合运用声音、光线、电子技术、水景、人物演绎、服装、泉水等多种科技和艺术手段，全新地演绎了沂蒙印象。在演出内容方面，强调了沂蒙地区的特色，注重沂蒙红色文化的演绎和阐释，同时融合临沂的历史文化和现代文化。观看这样的演出，观众不仅获得艺术享受和震撼，还能领略沂蒙文化的深厚底蕴以及沂蒙精神，感受沂蒙老区的转变和创新。

最后，在文化品牌建设过程中，建立与市场经济体制相适应的宏观管理体制也是至关重要的。以潍坊市为例，过去，潍坊市的文化、新闻出版和广播电视等领域分别由不同机构执法。经过调整合并，形成统一的文化市场综合执法局，确保行政执法队伍的高效运作。类似的，全省各级文化行政管理部门也在逐步实现执法主体的一元化和责权统一，从办文化向管文化、从管微观向管宏观、从管理下属单位向社会管理转变。这一改变极大地增强了文化品牌建设的活力，为文化产业在市场经济体制下的稳健发展创造了良好的环境。

（二）齐鲁文化品牌建设存在的问题

虽然山东省在文化产业发展和品牌打造方面取得了一些成绩，但与国内先进省市相比，还有一定的差距。山东省文化品牌的数量和质量与山东文化资源大省的地位也很不相称，问题突出地表现在以下几点：

文化创新能力尚不够强，缺少新创的、时代感强的知名文化品牌。山东有不少著名的传统文化品牌，但缺少新创的时代感强、影响面广的文化名牌。其中的原因：一是对现有文化资源过度依赖，严重束缚了创新能力的发挥。二是受山东人沉稳厚重有余、灵巧机变不足的性格影响，山东的文化产品与文化服务呈现出扎实严谨的特点，而缺少娱乐搞笑的风格。三是缺乏形式创新也是制约文化品牌产生的一大原因。因为缺少必要的平台与载体，也就是缺乏形式上的创新，致使许多优秀的齐鲁文化资源未被发掘。比如，若不是依托全运会开幕式这个影响力巨大的活动，有多少人知道我们的《沂蒙山小调》旋律优美毫不逊色于《茉莉花》，有多少人知道济南才女李清照 16 岁就写出脍炙人口的《如梦令》。从这一点说，对齐鲁文化资源，我们发掘得远远不够，对外的推介宣传还有很多工作要做。

齐鲁文化品牌的文化内涵没有得到充分的挖掘，品牌文化尚显单薄。品牌的本质是文化，缺少文化底蕴的品牌没有生命力，文化含量低的文化产业没有竞争力。齐鲁文化资源源远流长、博大精深、得天独厚，可供挖掘与开发的文化内涵十分丰富，但现在的一些品牌建设仍停留在比较浅显的层次，比如，一些旅游景点靠橱窗方式展示，仍然属于观光型旅游产品，"景点全靠嘴，耳朵代替眼"，旅游纪念品文化品位低，样式雷同，千篇一律。游客走马观花式的观光游览过后，不能产生情感共鸣，得不到更多精神方面的愉悦，艺术方面的享受，更别说人生的启迪、人性的提升以及思想境界与道德情操的提高了。

薄弱的理论研究。文化品牌的理论研究尚处于相对薄弱的状态，缺乏系统性、有深度的研究成果。这导致在理论上难以深刻理解文化品牌的内涵、功能、价值等。品牌构建、传播、营销、创新等领域的理论支持不足，难以为品牌建设提供具有前瞻性和指导性的理论支持，限制了齐鲁文化品牌在实际应用中的深入推进。

缺乏整体规划和综合效益低。虽然山东省有丰富的文化资源，但这些资源目前存在着分散和碎片化的问题。在齐鲁文化品牌建设过程中，缺乏整体的规划和统筹布局，导致了资源利用不够高效。各个文化品牌之间缺乏协调配合，综合效益低下。此外，无序竞争和低水平重复建设，不仅浪费了资源，也削弱了整体的品牌影响力。

（三）打造齐鲁文化品牌的思路对策

山东省在加强文化品牌建设方面，需从几个关键方面着手：首先，要着重构建充满特色的文化载体，利用丰富的本土文化资源，创造出具有山东风格的文化精品。其次，应积极探索多样化的融资渠道，完善运作机制，实施人才战略，同时，通过引进和培养文化名人等手段，提升山东的文化形象。这一手段的核心在于塑造具有山东独特特点的文化品牌，从而推动文化产业的发展和提升地区形象。在具体操作中，山东可以考虑以下措施：

1. 建设典型的文化载体

在山东加强文化品牌建设的蓝图中，首要任务是建设典型的文化载体，以突出山东的独特文化魅力。借助山东作为儒家文化发源地的优势，打造富有国际影响力和现代元素的"孔子文化品牌"。目前，尽管山东已有孔府、孔林、孔庙等文化圣地，但还未在国际化和现代化方面形成能够体现儒家思想的文化载体。因此，山东有必要在以下方面作出努力：

首先，应建设具有现代元素的孔子文化机构，如孔子博物馆、儒学院、世界儒学图书馆等，以展现儒家思想的深厚内涵，并吸引国际投资。通过这些机构，国内外游客能够更深刻地感受儒学文化与齐鲁文化之间的联系，这不仅是对文化底蕴的外在展示，更是扩大山东国际影响力的重要途径。

其次，应创新推广方式，将儒家文化以全新形式进行传承和推广，同时保持其内涵不受损害。通过电影、动漫等新颖形式，将儒家思想融入当代生活，使更多人能够理解和接触到这一文化遗产。这样的创新推广方式有助于年轻一代更好地理解儒家价值观，同时也使国际受众与山东文化产生共鸣。

最重要的是，山东应积极展开对外文化交流，将孔子品牌打造成具有国际影响力的文化品牌。在当今多元共生的文化环境下，孔子的思想备受推崇。山东已经采取一系列举措，如制定孔子标准像、举办孔子文化发展论坛等。然而，这些举措仍需加强，与其他国家知识界、文化界等进行积极交流，将孔子文化推广至各个角落，实现山东文化产业跨越式发展。

综上所述，山东要以建设现代化的"孔子文化品牌"为核心，通过建设机构、创新推广和对外交流，推动山东文化的国际化发展，使其成为引领文化产业的关键推动力。

2. 文化资源与高科技相结合塑造文化品牌

在网络传播时代背景下，数字化技术的广泛应用给文化创意产业带来深刻影响，尤其对齐鲁文化资源的开发提出了新的要求。为此，将文化资源与高科技相结合，塑造齐鲁文化品牌，已成为必要且可行的发展方向。

特别是在数字化技术的支持下，齐鲁文化资源应从传统的物质景观保护开发向数字化产品和衍生产品产业链的发展转变。充分利用网络传媒技术，积极开发地域文化资源的创意产业，打造具有齐鲁特色的文化创意品牌。这一过程中，齐鲁文化的丰富内涵与数字化技术相结合，可以开发出 3D 电影、手机游戏、城市宣传片等多样化的数字化产品。例如，针对泰山、沂蒙、三孔、蓬莱、潍坊风筝、淄博齐都、聊斋等不同类型的文化，进行立体多维的创意产业开发，以数字化创意产业为龙头，引领创意产业向更深层次发展。

为了进一步加强齐鲁文化品牌的传播，可以借鉴上海世博会的成功经验，打造齐鲁地区各种类型的虚拟博物馆，以数字化的形式向全球展示齐鲁文化的精髓。此外，通过研发适用于公交车载视频播放的视频节目，可以在城市中展示齐鲁文化的魅力，将品牌影响力扩大。

综上所述，结合数字化技术，将文化资源与高科技融合，不仅是必要的发展策略，也是打造齐鲁文化创意品牌的重要途径。多样化的数字化产品和创意产业开发，以及借助虚拟博物馆和多媒体传播手段，可以将齐鲁文化的魅力传递给更多人，实现文化品牌的更广泛影响。

3. 政策引导，拓宽融资渠道

政策引导和拓宽融资渠道是促进山东文化产业发展的重要举措。尽管政府可以在资金投入方面提供支持，但单纯依赖政府资金是不够的，因此需要采取多元化的策略来满足文化产业的融资需求。

首先，政府可以制定一系列有针对性的政策，鼓励社会和民间资本投资文化产业。包括对文化产业项目的税收优惠政策、贷款支持政策、土地使用优惠政策等。通过为投资者提供经济激励，可以吸引更多的私人资本流入文化领域，从而推动创意产业的蓬勃发展。

其次，政府可以积极引导民营企业投资文化创意产业，将这一战略纳入政策规划中。政府的角色不仅仅是提供资金支持，更重要的是为民营企业提供指导、咨询和协助，帮助他们理清投资方向，提高投资效益。政府可以设立专门的机构，负责与民营企业沟通，了解他们的需求和优势，从而制定更具体的支持措施。

再次，政府还应当注重监管，确保投资文化创意产业的企业在把握正确发展方向的前提下，能够健康有序地发展。政府可以设立相应的监管机构，监督投资项目的运行情况，确保资金使用的透明度和效益。同时，政府可以为企业提供培训和指导，帮助他们更好地管理文化项目，提高市场竞争力。

最后，政府还可以促进不同领域之间的合作，通过股份制合作等方式，使各方面力量能够有效协同，产生更大的合力。这种合作可以将民间资本和专业资源结合起来，创造出更具市场竞争力的特色文化产品，推动整个山东文化产业的健康发展。

综上所述，政策引导和拓宽融资渠道是推动山东文化产业发展的重要手段。通过多元化的政策支持、民营企业投资引导、监管监督和跨领域合作，可以实现文化产业的可持续发展，促进山东文化品牌的形成。

4. 完善运行机制

为完善山东文化产业的运行机制，需要根据"区别对待，分类指导，试点先行，逐步推开"的原则和一系列改革措施来实现从政府部门行政管理向文化产业管理的转变。这一转变旨在优化机构设置、调整部门职能，实现政事分开、政企分开、管办分离，从而提高管理效率和市场竞争力。

首先，通过改革政府部门的行政管理方式，实现从办文化向管文化的转变。政府在文化产业中的作用不应仅限于具体办事，更应注重协调、引导和监管。这需要将政府部门的职能从微观管理转向宏观管理，从事无巨细、无所不管的状态转向更有针对性、高效率的管理方式。

其次，要将行业管理与政府监督相结合，将一部分行业管理职能下放给行业协会。政府应保留制定文化产业战略规划、政策规定等行政职能，而将行业自律、市场管理与监督等职能交由行业协会负责。这种转变可以更好地适应市场需求，提高行业的自律性和专业性。

再次，要逐步实现国有文化企事业单位的改革。将产权关系和人事关系与政府逐步解开，建立现代企业制度，完善法人治理结构。这有助于提高文化企业的经营灵活性和市场竞争力，从而更好地满足市场需求。

最后，通过这些改革措施，可以实现文化产业运行机制的优化和创新，推动文化产业的发展。政府更加注重协调、引导和监管，行业自律和市场竞争性得以加强，文化企业获得更大发展空间。这些改革举措将有助于提高山东文化产业的整体效益，促进其在市场中的持续增长和竞争力的提升。

5. 培育龙头企业，角逐世界舞台

为培育有持续成长性和核心竞争力的文化品牌，山东需要依靠产业集团和产业集群的运作，培育市场主体，整合资源，实现文化产业的优胜劣汰，发展龙头企业和产业集群。这将有助于提升文化产业的市场竞争力、抗风险能力和国际影响力。

培育文化产业集团和集群是构建有持续成长性的文化品牌的关键。通过市场竞争，优胜劣汰，整合优势资源，形成核心竞争力，逐步壮大龙头企业和集群。这要求这些主体具备整体创新、市场开拓、成本控制和可持续发展等核心能力。

在文化品牌的建设中，国际化视野至关重要。要坚持国际化标准，拓展国际市场，实施"走出去"战略。通过对外文化交流，文化贸易等方式，将齐鲁文化推广到国际舞台，与世界著名文化品牌对话和竞争，展现山东文化的软实力。

通过以上措施，山东将能够培育出具有持续成长性和核心竞争力的文化品牌，实现文化产业在市场中的发展。这不仅有助于山东文化的传承和创新，还能够在国际舞台上展示山东的独特文化魅力。

6. 实施人才战略

实施人才战略对于文化品牌建设至关重要。在文化产业中，高素质、高层次的人才是推动创新、提升竞争力的关键。山东要树立人才是第一文化资源的观念，积极培养、引进、激励文化领域的专业人才，以支撑文化品牌的发展。

当前山东文化产业人才结构不合理、专业技术水平有待提高。国外文化产业成功的重要因素就是拥有专业、优秀的人才团队。为了解决这些问题，山东已经着手设立文化产业研究机构、开设相关专业，但要实现文化产业高质量发展，需要更加系统和全面的人才培养体系。

文化人才培养、引进、选拔和激励机制的建立是至关重要的。山东可以通过设立奖学金、提供实践机会、支持进修学习等方式，吸引更多有潜力的人才投身文化产业。同时，要建立职业发展通道，为文化人才提供晋升和发展机会，以激励他们在文化领域取得更高成就。

文化领域的人才不仅仅是执行者，还是创造者。文化创意产业需要的人才不仅要懂艺术、懂技术，还要懂市场、懂经营、懂管理。培养全面发展的文化人才，既能够保证文化产业的创新和发展，也能够提升文化品牌的国际竞争力。

最终，实施人才战略需要长期坚持，持续地培养、引进和激励人才。人才的培养是一个长期的过程，需要不断地投入和支持。只有拥有了高素质、高层次的文化人才，山东才能在文化领域取得长远的发展和成功，进一步推动齐鲁文化品牌走向世界舞台。

综上所述，山东加强文化品牌建设的核心在于创造具有地域特色的文化载体，通过多方面的努力，山东独特的文化价值得以传承和发展，同时促进文化产业的繁荣，进一步塑造山东的地区形象。

二、推动孔子文化走向世界

在推动孔子文化走向世界的过程中，有一系列策略和方法可以采取。

第一，培育骨干文化企业，支持它们参与国际竞争。在全球化的背景下，文化企业需要利用各种文化资源，通过扩大规模、提升竞争力，实现在国际市场中的地位。政府应鼓励企业并购、重组，调整经营结构，打造具有国际影响力的大型文化企业集团，以增强国际竞争力。

第二，注重技术创新，提高文化创意产品的科技含量。将先进的科技与互联网技术应用于传统文化产业，改变文化创意产业的布局，提高文化产品的附加值。通过自主研发和与高校、科研机构合作，提高文化产品的科技含量，使其在国际市场中更具竞争力。

第三，注重文化产品的表现形式。在开发设计文化产品时，要充分利用现代技术和特定手段，将传统文化与现代审美相结合，使文化产品更具吸引力。例如，通过创新的方式将传统文化元素融入舞台剧的表演形式，使其在国际市场上更具竞争力。

第四，开拓文化亲缘性市场。结合地理位置和文化亲和力，将文化产品出口与本土化相结合，开发"原产中国山东"的文化产品，以满足不同地区文化需求，提高产品市场适应性。

第五，建立有效连接国内外市场的文化贸易渠道。支持文化企业参加国内外展会和交流活动，促进文化产品的对外贸易。利用网络系统和各类中介机构，推广山东特色文化品牌，打造文化产业链。

综上所述，推动孔子文化走向世界需要培育强大的文化企业，注重技术创新和产品表现形式，开拓适应性强的市场，建立有效的国际营销方式，以实现山东文化在国际舞台上的影响力和竞争力的提升。

参考文献

[1] 孙玮志.文学与文化创意产业[M].北京：新华出版社，2019.

[2] 厉无畏.创意产业[M].郑州：河南人民出版社，2013.

[3] 上海市经济委员会，上海创意产业中心.创意产业[M].上海：上海科学技术文献出版社，2005.

[4] 昌隽如.文化创意产业研究[M].天津：天津科学技术出版社，2017.

[5] 张京成.中国创意产业发展报告2019[M].北京：中国经济出版社，2019.

[6] 翁旭青.文化创意产业与地区经济发展[M].北京：中国时代经济出版社，2019.

[7] 冯征，范小春.文化创意产业新趋向[M].上海：上海三联书店，2017.

[8] 张京成.2018中国创意产业发展报告[M].北京：中国经济出版社，2018.

[9] 王慧敏，曹祎遐，等.文化创意产业发展的理论与实践探索[M].上海：上海社会科学院出版社，2018.

[10] 张乃英.创意产业理论与实践[M].上海：同济大学出版社，2015.

[11] 肖林.文化创意产业背景下的动画产业发展[M].长春：吉林美术出版社，2019.

[12] 卢涛，李玲.文化创意产业基础[M].武汉：武汉大学出版社，2014.

[13] 董秋霞.创意产业园区区域协同机理研究[M].北京：经济管理出版社，2015.

[14] 冯根尧.中国文化创意产业园区集聚效应与发展战略[M].北京：经济科学出版社，2016.

[15] 向勇，刘静.中国文化创意产业园区实践与观察[M].北京：红旗出版社，2012.

[16] 陈睿.推动我国数字创意产业发展研究[M].北京：中国经济出版社，2019.

[17] 臧志彭.数字创意产业研究[M].北京：知识产权出版社，2019.

[18] 纪元元.数字艺术创意产业[M].长春：吉林美术出版社，2019.

[19] 丁文华，孙守迁，潘云鹤，等.数字创意产业发展重大行动计划研究 [M].北京：科学出版社，2019.

[20] 刘元华.我国文化创意产业法律保护案例分析 [M].北京：知识产权出版社，2018.

[21] 南振兴，陈红英，于向阳，等.文化创意产业的知识产权保护研究 [M].北京：知识产权出版社，2015.

[22] 任旺兵.中国创意产业发展战略 [M].北京：中国计划出版社，2013.

[23] 张斌.欧美创意产业研究及启示 [J].学术界，2011，163（12）：218-226，289.

[24] 胡晓梅.欧美发达国家创意产业园区发展的四种模式 [J].党政视野，2016，（11）：27.

[25] 喻翠玲.欧美发达国家创意产业发展及其对中国的启示 [J].北京市经济管理干部学院学报，2009（1）：18-21.

[26] 石友梅.中日韩文化创意产业贸易竞争力比较研究 [J].创新创业理论研究与实践，2018，1（3）：87-89.

[27] 林乃森.日本创意产业发展政策及其启示 [J].中南大学学报（社会科学版），2011（1）：89-93.

[28] 陈艳.日本文化创意产业发展的经验与启示 [J].当代旅游（下旬刊），2019（1）：86.

[29] 关莹.日本文化创意产业发展研究 [J].东京文学，2017（5）：99.

[30] 冯晶晶.从日本本土传统文化创意产业看动漫文化产业管理 [J].西部皮革，2020（2）：133.

[31] 庄蓉.浅析日本文化创意产业 [J].魅力中国，2014（5）：290-291.

[32] 吕悠.美国、日本动漫创意产业对我国动漫产品开发的启示 [J].社会科学（全文版），2018，（10）：373.

[33] 张琪，秦艺娟，朱家强.文化创意产业人才培养的研究 [J].商情，2019（52）：137.

[34] 高鹏铭.创意产业人才培养的思考 [J].声屏世界·广告人，2017（9）：116.

[35] 李融融.文化创意产业人才培养模式的现状与对策研究 [J].学习周报（教与学），2020（14）.

[36] 施润倩. 我国创意产业保护与产业链衍生研究 [J]. 合作经济与科技, 2009（23）: 4-5.

[37] 黄美荣. 浅谈创意产业知识产权保护的措施 [J]. 理论与创新, 2021（1）.

[38] 任雨星, 刘娅宁, 张潇寅, 等. 文化创意产业的知识产权保护——以浙江省为例 [J]. 法制博览, 2020（17）: 75-77.

[39] 张进. 大数据背景下文化创意产业法律保护探析 [J]. 法制与社会, 2021（18）: 158-159.

[40] 陈哲. 文化创意产业园区公共信息服务机制创新研究 [J]. 经营管理者, 2017（15）: 261.

[41] 李世珊. 论我国文化创意产业信息服务平台的建设 [J]. 商业时代, 2011（15）: 119-120.

[42] 于磊. 我国文化创意产业的创新与发展 [J]. 商业文化, 2020（25）: 66-67.

[43] 田蓝青, 王俊勃, 姚旭, 等. 文化创意产业发展概述 [J]. 长江丛刊, 2018（10）: 105.

[44] 孙午生. 论版权保护制度与文化创意产业的发展 [J]. 法学杂志, 2016, 37（10）: 88-94.

[45] 韩天. 知识产权保护与文化创意产业发展平衡点探究 [J]. 今传媒. 2016, 24（5）: 30-31.

[46] 胡小雅, 路曜琛, 任梦营, 等. 文化创意产业的知识产权保护研究 [J]. 中小企业管理与科技（下旬刊）, 2016（3）: 194-195.

[47] 李瑾. 知识产权保护影响文化创意产业发展的路径及对策 [J]. 统计与决策, 2016（2）: 179-182.

[48] 于向阳. 我国文化创意产业知识产权保护的策略构想 [J]. 改革与开放, 2014（5）: 9-10.

[49] 傅凡. 知识产权保护是文化创意产业健康发展的关键 [J]. 北京观察, 2013（12）: 25.

[50] 吴慧娟. 浅议我国文化创意产业的知识产权保护 [J]. 法制与社会, 2013（23）: 259-260.

[51] 张梅. 略论文化强国战略下文化创意产业的发展 [J]. 湖南省社会主义学院学报, 2013, 14 (3): 62-64.

[52] 陈要立. 文化创意产业发展机理框架的构建及政策建议 [J]. 郑州轻工业学院学报 (社会科学版), 2012, 13 (6): 73-76.

[53] 杨桂. 浅析我国创意产业发展的现状及研究对策 [J]. 时代金融, 2012 (33): 190.

[54] 李良荣, 周亭. 打造电视产业链, 完善电视产品市场 [J]. 现代传播, 2005 (3): 15-19.

[55] 杨永忠, 陈睿. 基于价值链的游戏创意产品文化、技术、经济的融合研究: 以竞争战略为调节变量 [J]. 四川大学学报 (哲学社会科学版), 2017 (3): 121-131.

[56] 宋培义, 黄昭文. 中国广播影视数字内容产业价值链模式构建 [J]. 现代传播 (中国传媒大学学报), 2014, 36 (5): 107-110.

[57] 赵立, 袁媛. 澳大利亚创意产业发展战略亮点解读 [N]. 中国文化报, 2012-02-10 (3).

[58] 何炼红, 邓欣欣. 以知识产权大保护助力数字创意产业大发展 [N]. 湖南日报, 2017-02-14 (5).

[59] 于力. 创意产业发展呼唤知识产权保护 [N]. 人民日报, 2013-07-24 (7).

[60] 韩顺法. 数字创意产业有助实现美好生活 [N]. 中国社会科学报, 2018-08-07 (05).

[61] 杨再扬. 我国文化创意产业知识产权保护体系的构建 [D]. 天津: 天津大学, 2016.

[64] 朱虹. 文化创意发展指数及我国文化创意产业现状研究 [D]. 北京: 北京邮电大学, 2013.

[62] 何名. 我国拍卖法律制度完善问题研究 [D]. 长沙: 湖南大学, 2011.

[63] Tamar G., Figuerola Carlos G. Ten years of science news: A longitudinal analysis of scientific culture in the Spanish digital press[J]. Public Understanding of Science, 2016, 25(6): 691-705.